U0075631

陳祖安 著

翁靖雅 貼紙手繪

盧願 內頁手繪

看球說故事

用球賽記憶一座城市，
給自助旅行者的另類提案！

TWN 2022
EVENT CODE
823328
PRICE
NT 420
SECTION
08
ROW
24

推薦序

虛實輪轉的運動故事

棒球球評——曾文誠

盧建彰導演和我逛著藝廊，展區不大陳列品不多，加上我沒什麼藝術修養，所以兩三下就走完了一圈，既無聊又無知的我和導演玩起來了，學著其中一件畫作內容，我蹲馬步雙掌往前推出掌風，同一時間盧導向後躍起，做被我掃到狀。兩個加起來超過百歲的人很幼稚地玩著，然後……

等等！這本書的作者明明是陳祖安，怎麼寫起她老公導演來了？好像也不能怪我，不論出遊或聚餐我們兩家人或加一些友人在一塊，祖安總是很安靜地站在老公旁邊，跟我那位牽手很像、很傳統，總是把場面留給家裡的男主人。當然盧導話也多，很難不注意到他，但過往我有一、兩次心裡這樣想著，以祖安最近（二〇二二）才拿了個台大碩士的文憑，加上過去廣告圈創意的工作經驗，應該有不少話能說、不少意見可發表才是。結果，就收到了她這本書的書稿。

我是祖安論文的口試委員，在整個審核過程中，不是場面話，我看到她很認真撰寫論文的一面，所以沒有翻閱本書之前，我還以為這也會是很硬的書。雖然同樣寫的是運動，但完完全全不是喔！就一句話，很有創意的一本書，不愧是廣告公司出身的人。

她用虛構的小說情節，再穿插現實中她前往各國觀賽的經驗心得，很特別的點子。因為每一篇的前半部分完全是想像出來的，所以很多情節是屬於祖安心底的願望，例如最後十篇描述她的頭號偶像Kobe並沒有離我們而去，如果他還在，祖安會帶我們看究竟會發生什麼事；又假設若道奇新老闆是台灣人、台灣棒球隊打進奧運冠軍戰等……好想這些事成真啊！

因為「虛構」，所以祖安玩了些「同音異字」的哏，你會看到不少好像很熟悉但又陌生的球星跑進書中——勸勸大家別太認真——我知道台灣球迷一向都很熱情，尤其棒球迷，常帶著這份熱情去看待所有事情。如果你閱讀完本書，對祖安開的玩笑很快對號入座，然後上網說三道四，接著引發媒體報導，而向來不關心運動、連東奧國手名字或競賽項目都會寫錯的民意代表，開始一窩蜂跑出來關切，政論節目也找來平常都不看書的名嘴來噴口水……屆時，大家就會很好奇這本書倒底在寫什麼「碗糕」（uánn-ko）？然後瘋狂搶購，一星期內連刷好幾版，告訴你們，這就是祖安這種廣告出身者的陰謀，千萬別上當啊！

本書也可視同為「完全出賣親友手冊」，她幾乎把認識的親朋好友都寫進去了——是的，也包括我——所以，當我看到那些也有一點交情的共同友人一直被她惡搞時，很難不大笑出口。然後最惡搞的是他們夫妻本身，據說在我寫這篇序時，盧建彰導演尚未看過書稿，換句話說祖安為了這本書連枕邊人都賣了，為了創作如此六親不認令人髮指。

書中說他們夫妻到各國看比賽遇到的衰事實在太多太多，足跡掃過必哀鴻遍野，那是一種神祕力量的展現，可怕到二〇二八年洛杉磯奧運主辦單位都嚴陣以待，想盡辦法要讓這一男一女絕對無法進入美國境內，嗯！會怕就好。

以上是祖安想像出來的情節，但說過這本書有一半是真實的，她近乎哀怨地寫到歷年來看球的悲劇，祖安十分相信他們去看球總會有衰事發生。我說那個祖安啊！有某頭銜好像非常厲害的專家學者曾撰文提到，自認每次去看球支持的隊伍都輸的現象是不存在的，你絕對沒有那麼偉大好嗎？如果你們家倆口真這麼強，那二〇二二年上半季你們最愛的樂天如何在眼前奪冠？你們無限支持的郭嚴文又怎能從二軍上來後表現長紅？

但我不要爭辯這個，我希望大家看看每一章節中她去各國看球的心得分享，那是真粉絲純運動迷的真愛，你可以慢慢爬梳享受其中。當然，大家也要一起祈求該死的疫情早日真正結束，跟著祖安這本書的導覽，出國去享受每一場運動饗宴。

推薦序

「大家看一下這精采且認真的play」

創意人——盧建彰

我常覺得想像力是最強的超能力，遠比肌肉很大塊能影響世界，而想像力的培養，可能和眼界有關，你看到愈多種生活，就愈有機會變化生命；你見識愈多種創意，就會愈謙卑地要求自己再多想兩套想法。

旅行不只是為了玩，而是要改變自己的生命計劃，藉由不同國家社會的生活哲學，重新給自己一個命題的機會，好稍微靠近屬於自己平安且歡喜的生命答案。

看比賽更不會只是為了分數，那種分數你自己想打幾分就幾分，一點也不重要，更別提那些規則是人自己訂出來的，世上其他生物可都不知道。認真探究起來，似乎也大可不必去關心、在意，一樣活得下去，那又幹麼花上時間、金錢買票看比賽呢？當然，一定有遠大於分數，遠大於一個圓形物體被人們移動來移動去的意義。那些規則形成了限制，在有限的資源下，去理解限制，並試著找出旁人在相同條件下還沒想到的方法，那就叫創意。而球賽就是創意的展場，你看的每場比賽便是個人、團體間的創意競賽了，你享受的不只是那球到了哪個正方形或圓形裡因此得了分，你享受的，是那些強壯的身體支撐的強壯腦袋彼此的較勁。

否則，若從環保角度，一群人耗費水電，看另一群人跑來跑去追著球耗費身體能量，不是很不珍惜資源嗎？不是很不環保嗎？

我是相信運動救人類的。

一個青少年若有一個喜愛的運動，就會大幅度降低他在社會逞兇鬥狠的機會，你的精力都在場上燃燒了，就少了把火發在陌生人身上的可能。對家庭和睦也大有幫助，我從來沒有跑完二十公里後返家和家人口角的經驗，因為我通常躺在地上，懇求我女兒給我一杯水喝。我通常，嗯，以我女兒的說法是，「爸爸很乖」，哈哈哈。

我認為運動會帶來神智的澄明，我所有作品都在運動後產生，這也讓我這業餘運動愛好者不禁想像，那些職業運動員有多壯闊的心靈地圖？要是他們有多餘時間產出，世上該有多少偉大作品？

而且，美國五百大企業的執行長九成以上，都有校隊的運動經驗呢！會運動的，才會賺錢啦，如果你很在乎錢的話。

很多時候，我看來是沒有計劃的，但其實，我只是有很多計劃，並計劃著變化，這是我從運動員身上學的。

還有，好的運動員幾乎都是好旅行家。你要快速適應氣溫，你要立刻決定你的飲食習慣是否要因當地食材調整，你連水都要能夠快速接受，幾乎永遠在碰見陌生人，更甚者，時差得盡量對你沒差，否則，你勢必無法成為頂尖；再來，如果你認床，你大概無法進入職業世界。凡此種種，都讓人可以確定運動員快速且強大的適應力不只在場上，要快速解讀對手策略、做出反應，更體現在場下，能立即分析判讀風土民情，讓自身調整並保持在高檔。容我說一句，在如此變化快節奏的災難時代，運動員不只是旅行家，更是可學習的倖存者模式。

於是，我對這本書認真了。

認真的不是那些運動員名字的變體，而是那看似荒誕的情節，未必不是種寓言，更未必不是種預言，我從中學習，並往前兩步，把這當作教科書（？）

人生如逆旅，你玩得開心嗎？還是都沒玩到？

人生如賽場，不動也會被三振的，你在怎樣的故事裡，低頭看看球衣上的號碼，你可以改寫故事結局，一如這書。

自序

Kobe Bryant的生日倒過來是我的生日

洛杉磯時報／記者茱蒂・施沒有報導

二〇二二年八月二十三日，是已故NBA球星科比・布萊恩（Kobe Bryant）四十四歲冥誕，他遠在台灣的一名女球迷，甫以四十六歲（一九七六年三月二十八日生）之齡，取得運動管理碩士學位，成為該研究所最高齡的畢業生。埋首撰寫論文的同時，她還完成了一本運動旅遊著作，獻給科比做為生日禮物，因為若不是對科比的癡迷，痛恨運動的她完全不可能做這麼多和運動相關的事。

體育學術研究將「運動」分為「參與性運動」與「觀賞性運動」兩大類別。對於能躺就不要坐，能坐就不要站，從小到大最討厭上體育課的我來說，當然從來不想「參與」運動。但沒想到在即將奔五的人生中，運動參與了我大半輩子的旅程，甚至還讓我提著老花眼鏡跑去讀運動管理研究所，因為我實在太愛「觀賞」它了。

我是因國球棒球而愛上看球；因迷上Kobe而去世界追逐運動賽事。球賽讓我的人生充滿樂趣，也為熱愛自助旅行的我，在旅程中創造許多獨有的風景。從拚命工作賺錢、積假飛去洛杉磯看Kobe開始，到婚後和老公每年安排以運動為主軸的蜜月旅行，再帶著女兒繼續全家運動親子遊。我喜愛每場精采的觀賽經歷，更享受每趟旅程因球賽帶來的美好（或可笑）故事，這是我記憶一座城市的方式。

若你並不是運動迷，我仍十分推薦在旅程中安排看場球賽。這就像你不一定多懂藝術，還是會去美術、博物館；不是料理大師，也想逛逛當地的市場；沒有特別敬虔的信仰，仍能走訪各種宗教中心，因為那是更能理解城市文化脈絡，深度體驗當地生活的方式。在多數主流的觀光城市，看球賽絕對也能讓你過過當地人的日常，而這也是多數旅遊攻略，不會建議規劃的行程，如果想來個不一樣的打卡點，運動賽事非常值得一訪。

期待疫情趕快過去，在報復性出遊展開之際，這本書能讓運動迷去國外看球時，為觀賽經歷增添一些故事性；也能讓非運動迷出國旅遊時，為自己安排一場另類的必走行程！

警語——瘋狂癡戀 Kobe 的我，只要能和他有一絲關聯，都會想辦法無限延伸，像是我的生日是三月二十八日，而 Kobe 的生日是八月二十三日，328，823 就是一種命中注定的迴文。所以我也想藉由此書，把 Kobe 和我的運動旅行人生永遠相連。因此全書包藏了大量私心想望，還請讀者多多包涵。

目次

地球如願重生

用澳網記憶墨爾本

「第一三七六屆澳洲網球公開賽女單決賽，現在開始。」山普拉斯球館的空中廣播響起，湯瑪士興奮地用眼球攝影機，錄下開幕秀。

這是月球公民湯瑪士和秋天這對龍鳳胎兄妹，大學畢業旅行的壓軸行程。在月球，只有夏天和冬天兩個季節，婚後才移居月球的媽媽思念故鄉，為九月出生的女兒取了「秋天」這個名字。秋天因此對地球充滿好奇，小學讀地球史時特別認真，對改變人類歷史的城市最有興趣，湯瑪士問她畢業旅行想去哪，秋天不加思索選了地球的墨爾本。

今年是人類移居月球果元八十七年，也是地球西元三三八八年。

人類在西元二〇二〇年的一場全球病毒侵襲開始，差點走向滅亡。據說原本一個叫做中國的國家（現和平動物保育區），從那年開始一直到二〇四七年，歷經疫災、洪災、旱災等九災，人口幾近滅絕。其他國家因為看著中國的衰敗，恐懼地球滅亡，而積極投入環保運動，但還是在自私人性與團結共存拉扯中，慢慢走向末日。

直到地球之母——盧頎的重大發現問世。

一如一千年前眾多災難電影的老套情節，人類最後總是能靠著「愛」結束浩劫。當時（現在也）從未出現殭屍、酷斯拉、薩諾斯，也沒有外星生物入侵，人類一直是用汙染和戰爭，自己消滅自己。只有愛，才有機會化解一切。

盧願出生在臨近中國一個名叫台灣的小島國家，她的父母等待多年才終於迎接她的來到，所以盧爸爸取中文諧音「如願」為名，英文名字是意近的Hope。他們萬萬沒想到，三十年後，這孩子真的成了全人類的希望。

當時台灣長期受到中國打壓，甚至不被承認是個國家。盧願出生後，地球又開始遭遇各種災難，盧願沒有特別聰明，家境不富裕，父母也很平凡。要說與其他人有什麼不同，應該就是父母最努力栽培她的，不是學業成績或是追求金錢的能力，而是讓她在這個糟糕的世界仍能感受到愛，所以她一直是個容易滿足的快樂孩子。

盧願的爸媽是運動迷，很喜歡帶著她到處旅行，看各種運動比賽。四歲那年，她跟著父母去澳洲看網球，她當然不懂兩個人隔著網子，來回打著金黃色小球有什麼好玩，只記得爸爸買給她的袋鼠玩偶很可愛，吃了很多媽媽準備的水果點心，場邊野餐很有趣。

在海邊的夜裡等企鵝回家更好玩，盧願覺得可以一直看企鵝搖頭晃腦走路到天亮都沒關係。這些動物的玩偶分身跟著盧願回到台灣，美好的旅程感受一直陪著她長大。雖然之後又跟爸媽去了很多地方，她始終最愛澳洲，一直期待能再回去看那些可愛動物。動物們也引領她選擇獸醫系，大學畢業後更決定去墨爾本大學攻讀獸醫研究所。

當時中國已遭遇各種天災摧殘殆盡，世界也苟延殘喘著。盧願很擔心本來就很難存活的澳洲動物群會被人類一起拖垮，於是積極投入研究所教授麥可所主導的復育計劃。麥可的太太卡洛也是台灣人，而且跟盧願爸媽一樣愛網球，所以麥可夫妻十分疼愛盧願。

當時許多自私的人類覺得自身都難保了，還管動物死活，只有澳洲人堅持下來，相信地球物種命運是一體的，共存才不會共亡。盧願心想，最不該存在的反而是破壞王人類吧！

「光是看無尾熊睡覺，我就可以忘記一整天的挫敗。」教授麥可咬了一口自製的麵包對盧願這麼說。

這句話給了盧願一個瘋狂的想法：可愛動物救地球。

聖經裡的教導，「愛能遮掩一切過錯」，是盧願很熟悉的經文。她認為愛是解決問題的根本，唯有愛，能終結自私、仇恨、癌細胞和戰爭。如果每個人心中都充滿愛，壞事自然就不會再發生了。

動物能醫治人的心靈不是新鮮事，盧願想找到更快速有效的方法。某個契機，她和動物學家彼特・布萊恩合作，錄製各種動物的可愛影像做實驗，經過幾年努力，終於發展出可愛療法。將動物療癒模樣激活人類的杏仁核，幫助大腦隨時產生出多巴胺和腦內啡等各種有益激素，用幸福感受抑制人性裡的各種歹念。

這項技術讓世界各地的人們真正放下自我，同心合作努力將地球漸漸恢復成上帝原本所造的樣子。重生後的地球，綠能、醫療、科技也持續發展，已無人類居住的中國土地，變成了創造和平的大功臣——動物的棲息地。

充滿愛的地球在數百年後面臨另一項危機，沒有戰爭、醫療進步又有愛，讓人類變得長壽，土地不斷向上向下發展，仍來到極限，人口過剩以致於必須走出地球。太空科技沒有停止發展，但始終沒有發現適合移居的星球，最後只好選擇最近的月球打造新生地。

人類終於在八十七年前，在月球蓋好模擬地球的生態環境，月球首位民選總統盧果，正巧也是盧願的後代。於是月球的年號，就以「果元」計算。

為紀念影響人類命運的運動賽事，除了判決的精準度外，澳洲網球公開賽一直維持著傳統方式進行，連球僮跑進場中接球都沒有用人工智慧取代。主場館以地球之母盧願的母親最喜歡的網球選手命名，每年都吸引萬名地、月球人報名抽籤參與盛事。

這場比賽是由去年才傷癒復出，來自月球西比國的拉法・納麗，在第三盤搶七激戰中擊敗地球塞爾維亞國球后喬妮科娃。原本不懂比賽規則的秋天，在湯瑪士激動解說下看完比賽，也不禁成為網球迷了。

賽後兄妹倆步出球場，秋天拎著整袋紀念品，滿足地抬頭看著滿是星星的夏夜，準備明天一早搭乘齊柏林八八六號返回月球。

地球公民愛網球

網球不是我的運動旅遊清單首選，澳網卻成為至今我最棒的運動旅遊經驗。

某年夏天，總是定頻在體育台的我，在填補沒有NBA賽事的空檔，無意間看了場溫布頓網球公開賽。當時對網球規則一無所知，看習慣快節奏籃球的我，理應會對兩個球員隔著長網，把一顆螢光黃球打過來打過去的無聊比賽，很快失去耐心。

但「Fifteen」、「Love」裁判新奇的判決說法吸引了我，當時還不是一個資訊隨手可得的年代，我又有一種運動迷的自傲，想靠自己弄懂規則，就這樣花了一場比賽的時間愛上網球，也愛上了當年的球王山普拉斯（Pete Sampras）。

現在已熟知網球規則的我，也知道了「愛」（love）的起源。網球運動源自法國宮庭，比分計法為時鐘的一刻：0、15、30、45。法國人會用蛋代表零，而蛋的法文是l'oeuf，網球傳入英國後，英國人就以與l'oeuf發音相近的love來替代零分的讀法，45則因有三個音節（forty five）不順，而改唸成40（forty）。

搜集過四大滿貫的網球迷球友H的評析，澳網賽會氣氛和票價都親民，是四大公開賽裡的入門款。剛好四大賽舉辦城市中，倫敦、巴黎、紐約我都曾造訪，唯獨沒去過墨爾本。我本來就偏好夏季出遊，可以在台灣過年期間去南半球避寒，澳洲堪稱完美首選。雖不是費德勒迷，我還是抱持著當代網球巨星，看一場少一場的心情，在費爸退休前趕緊安排一場澳網之旅。

H說得一點也沒錯，甚至超乎我的期待。

先不談賽事本身，澳洲真是很棒的地球公民國家，這次我所造訪的雪梨和墨爾本兩座城市都充滿綠意，公園林立。對於以無尾熊為首的澳洲知名動物們更是呵護備至，據說澳洲的獸醫系比醫學系還難考，因為人類也不過是動物的一種。人民的環保意識很高，熱愛運動大自然，滿街都是單車族，大眾交通工具發達，餐廳難見一次性餐具，飲品都使用不鏽鋼、紙吸管，塑類用品也是少之又少。

對地球友善，對地球人也親切，比起我過往經驗所遇到的多數歐美人溫暖許多，又和客氣的日本人、熱情的東南亞或南歐、南美人不太一樣，是一種保有適當距離的友好。每每向路人問路，即使原本面無表情，都會立刻展開笑顏，用濃濃的澳洲腔親切答覆。也完全沒遇到任何態度不佳的場館人員、店員和服務生。

我們帶著已滿四歲、腳程勇健的女兒旅行，不需要揹帶、推車、大包小包，輕裝上陣。可是只要一上大眾交通工具，乘客一看到有小孩，必定全數起身搶著讓座，而且不是只空給小孩，還會讓給父母一起坐，沒有一次例外。

曾連續七年獲得世界最宜居城市榜首的墨爾本，是一個先規劃建設好、人口後移入的城市，非常方便遊客觀光。市中心道路為棋盤式設計，棋盤內的電車全部可免費搭乘，基本上包含球場內的主要景點都在範圍之內。

當地人非常瘋咖啡，咖啡愛好者能在此得到極大滿足，早午餐也出奇好吃，花樣百出少有重複菜色，連我這個亞洲胃都讚不絕口。貫穿城市的雅拉河（Yarra River）美不勝收，每日都可以在河畔用餐、漫步、晨夜跑。

近郊也有許多美麗景點，火車站販售各種一日遊團。像是搭蒸汽火車、酒莊品酒等，還有最知名的菲利普島（Phillip Island）看企鵝歸巢行程。如果時間不夠充足，強烈建議不用跑這麼遠，離市中心僅約二十分鐘電車車程的聖科達（St Kilda）就可以等到企鵝，數量雖不比島上成群的多，但完全免費且更近距離。

傍晚來聖科達海灘戲水、玩沙、看夕陽，晚間再走到海上的木棧道尾端觀賞區，一邊吹海風一邊等待。不多久，數隻神仙企鵝陸續下班回家，在岩石間休息，牠們似乎會排好幾位值日生，特地跳上觀賞區讓人類看個仔細，呆頭晃腦的模樣總能引來陣陣驚呼。現場還會有幾名穿著螢光背心的解說員，一邊答覆各種有關企鵝的問題，一邊貼心用手電筒搜尋模特兒，助遊客拍好拍滿。

澳洲的療癒系動物群實在太可愛，光是看無尾熊睡覺、袋熊啃樹皮、企鵝走路或是袋鼠育兒這些日常，都能讓人自然分泌腦內啡。我想像若是世界末日來臨，澳洲可能會是最後一塊淨土吧（不過在紐西蘭長大的好友J應該會抗議，又要說澳洲明明是英國人拿來關罪犯的國家）。

長居墨爾本的夫妻朋友史帝芬和芝芝，對於我們給予澳洲的高度評價感到吃驚，直說我們是來玩的，看不到澳洲很多政治、經濟和種族歧視各種問題。旅行經驗本來就很個人，受到他們夫妻貼心照顧，上山採草莓，下海看企鵝，好吃又好玩的兩週實在是太美好，怎麼可能不給澳洲打高分？只差一點就要零負評。

讓我扣上一分的是澳網的票務系統。芝芝說澳洲不承認雙重國籍，當初他們要成為公民時，本很擔心得放棄台灣籍，但因為澳洲也不承認中華民國是個國家，就沒有放不放棄的問題（真不知該開心還難過）。但這個狀況到了我想當天購票時，就真的很難過了。

決定看澳網時，老公大器表示難得來看就應該直攻冠軍賽。趕不上在官網開始售票時就訂票，即使在二手網站購票，冠軍戰中上層座位區也只要台幣約一萬元，入園一日票則約一千元，相較於其他運動賽事，澳網的票價真的相當親民。

我們想說到當地依行程安排和賽況再彈性選擇，便沒有先買一日票。結果購票當天要填寫聯絡電話時，硬是遇上沒有台灣國碼+886這個選項，系統要發確認簡訊才可完成購票，又不能跳過不填，在此卡關的我感到非常生氣，也納悶為什麼網路上的各種購票攻略，都沒有任何台灣人提到這個問題？總之，我怎麼試就是無法完成，最後只好拜託史帝芬代為購票。

買票不甚愉快，但很快被賽事化解。澳洲網球公開賽是墨爾本全城驕傲，以網球會友，一場為期兩週、迎接各地人民前來的嘉年華會，走到哪都能看到賽會宣傳物，路上盡是觀光客，整個城市熱鬧非凡。白天在外遊玩，只要有擺放螢幕的地方就會有賽事轉播，晚上回到住處打開電視也可繼續收看，球場所在地墨爾本公園裡還有場外直播，所有網事一網打盡。

很可惜，那屆台灣網球好手盧彥勳因傷缺賽。我們選擇的場次，是去年在美網打敗自己偶像小威廉斯（Serena Williams）、一夕爆紅的美日混血選手大坂直美打四強賽的那天。園區非常大，老公一入園率先被紀念品店吸走，女兒也抱了一隻球拍藏在育兒袋的袋鼠玩偶伴遊。老公繼續血拼，母女倆穿梭在每座球場外和大會製作物前，和各式贊助商設立的互動區中，網美照拍個沒完。防曬油品牌會在園區中擺放系數最高的商品，供民眾補擦防曬油，那是在萬里無雲、豔陽高照的盛夏，和水一樣重要的必需品。

場外玩了大半天，才開始隨選球場進場看球，我們看了青少年男單八強，與混雙四強二場比賽。爸媽能好好看球，就是要先備好輕食點心和水果，讓小孩感覺是來野餐的，球場也真的有這種氛圍，非常舒服。

最後我們去到酒吧區，邊喝酒邊在場外看大坂直美四強戰，大坂的對手是才在八強幫她拍下小威的普莉絲科娃（Karolína Plíšková），正值巔峰的大坂輕鬆解決這位捷克強將，並在兩天後打敗普莉絲科娃的同胞克維托娃（Petra Kvitová），第二座大滿貫入袋。球飽酒足，我們就這樣結束了美好的一日遊。

此行重頭戲於旅程最後一夜登場，我們先至離園區步行約五分鐘的 Taxi Kitchen 早早用完晚餐後，直接前往主球場——羅德・拉沃球場（Rod Laver Arena）看球。

幸好我不是費德勒費爸迷，他早在十六強遭希臘小將西西帕斯（Stefanos Tsitsipas）爆冷淘汰，無緣挑戰三連霸。冠軍賽仍是場經典對決，由西班牙「蠻牛」納達爾（Rafael Nadal）對上球王喬科維奇（Novak Djokovic），這是兩人第五十三度交手。前者納豆受傷整年力求復出首冠，後者喬帥則是球王保衛戰。

兩位球員在一片掌聲中入場，比賽以燈光

秀拉開序幕，影片呈現十四天賽事精華，並以過去兩人在澳網精采的表現將氣氛拉至最高潮。比賽隨即開打，由納達爾開始發球。

居於中上層的位置，仍能將球看得非常清楚，場館每個角落都有電視直播，即使要去上廁所也不會錯過比賽。來現場看球和看轉播最大的差別，就是網球比賽特有的「呼！」「喝！」「哈！」聲音臨場感，尤其是傷癒復出、整場一路挨打的納豆，總是使出全力吶喊讓球迷聽個過癮。

已連兩次在大滿貫賽擊敗納豆的喬帥，相當熟悉對方球路，開局就破發。氣勢一路延續到最後，直落三輕鬆贏得破紀錄的七座澳網冠軍，榮登墨爾本之王。比賽雖然一面倒只打了兩個多小時，這場頂尖對決仍非常精采，賽後頒獎典禮雙方的致詞也很感人。

納達爾沒機會成為史上第二，拿下雙份四大滿貫的球員，但對滿場幾乎多是支持他的球迷，納豆表示非常感動，也對自己復出後能打到這樣成績感到滿意。而喬科維奇同樣哽咽想到自己去年動完手肘手術後，世界排名跌出二十名，還能在一年內重返榮耀，生涯十五座大滿貫有七座在澳網，墨爾本真是他的幸運地（沒想到二〇二二年卻因未打疫苗和違反規定入境而被逐出澳洲）。喬帥更英雄惜英雄地讚賞納達爾能在多次受傷後再度打入決賽，是十分可敬的對手。看到主宰當代網壇的兩位球星同場競技，不禁想起自己最愛的對戰組合——山普拉斯和阿格西（Andre Agassi），心情激動萬分。

最後喬帥經過展示歷屆冠軍的燈飾長廊，步出球場接受體育媒體戶外專訪，我們也和散場球迷一起，在鏡頭前開心揮手，結束這趟完美的網球之旅。回到台灣後，女兒在睡前躺在無尾熊、袋鼠和企鵝玩偶堆裡，多次聲明她最喜歡的國家就是澳洲，期待再去探望她的動物好友們。

每年在一月最後兩週舉行的澳洲網球公開賽，一定會跨到一月二十六日的澳洲國慶日，這天，墨爾本主要街道上會舉辦遊行，還有參觀市府及親子嘉年華等系列活動。而這條主街往南沒多久就是澳網球場，晚上還會施放國慶煙火，之前可先查好這天所有的活動好安排行程。

網路上有很多購票教學，可以依自己喜好參考。我的建議是選定一場至少八強以上賽事，一張 Ground pass 入園一日票，若有台灣選手參賽，再守候官網於賽程公布當天買票，但在官網購票得想辦法克服電話沒有 +886 可選的問題。對戰組合難以預測，先買好八強以上的票，確保可以看到高強度種子球星比賽的機率。一日票則是可以從早上十點就進墨爾本公園玩一整天，也可以隨時進出，主球場外的比賽都能進場看，幸運的話前幾種子球員都可能近在眼前。

球場離市中心非常近，走路或搭免費電車

都超方便抵達。夏季非常曬，時有熱浪，一定要做好防曬並時常補充水分，否則很容易中暑。球場食物頗貴，最好先吃飽再進場，或是準備好餐點帶去野餐，離開球場去市中心吃飯也挺方便。

單單墨爾本絕不會讓你失望，若假期更長可再去其他城市觀光。

這次我們選擇雪梨，除了拍攝各種角度的歌劇院到此一遊照，動物園看澳洲名物，皇家植物園（Royal Botanic Garden）和岩石區古城散步這些基本行程外，還去了趟雪梨大學。古典教學大樓外觀因像極霍格華茲魔法學院，而被旅遊業者騙哈利波特迷來一遊，事實上電影並非在此取景喲！如果和我們一樣是海鮮控，且住在可料理食物的民宿，雪梨漁市場的蝦兵蟹將存貨量包你膽固醇破表，懶得自己煮的話，現場也有代客烹調。

夏季達令港（Darling Harbour）每週末晚間八、九點左右都會有煙火秀，可事先上網查好確切時間並訂好港邊餐廳晚餐。最好選在傍晚時搭渡輪前往，可以同時把雪梨白日風情與黃昏夕陽一次看盡，用完晚餐後再散步至皮蒙特橋（Pyrmont Bridge）卡位等待煙火（雖說煙火會在海中央施放，基本上任何角度都看得到，但橋上據說是最佳觀賞位置），用長達十餘分鐘的花火秀為地球公民之旅劃下完美句點。

野球博物館殺人事件

用讀賣巨人隊記憶東京

有人說過你長得很像阿部寬嗎？刑警先生，你笑而不答就表示一定有囉？真的是很像啊！剛剛來找你的那位先生也好像福山雅治，原來日劇演的都是真的，日本各行各業都有高顏值帥哥，你們的檢察官該不會長得像木村拓哉？也有很多人說我先生像木村喔！

不要說與案情無關的事？不好意思，我太緊張，一時被你的長相分心了。

該說的都跟當時的刑警說了，聽說監視器拍到了所有畫面，現場還有幾位證人，我也坦承不諱。你還要問什麼呢？

為什麼來博物館？喔，這可能要從我學生時期說起，當時台灣剛成立職業棒球聯盟，我最常和一位學姊一起去現場看球。球票、剪報、簽名球那些收藏，我到現在都有留著，最有紀念價值的，是我把球隊的宣傳旗幟從桿上割下來，賽後去找球員一一簽名。

這四面全台灣只有我有的簽名隊旗，將在明年台灣職棒三十週年展展出喔！

學姊後來到東京攻讀短大，畢業後就長居日本，我從小就愛看日劇，對學習日文也很有興趣，曾經想過要插班考日文系，五十音都還記得喲，每次來日本玩，都可以靠五十音加漢字猜中幾成內容，也會簡單的會話，只是現在太緊張了還是必須靠翻譯。

請我不要扯太遠了？好了，好了，快講到重點了。我太晚開始補習日文，來不及跟上考試所需的檢定程度，後來改選也很有興趣的廣告系，畢業後就一直做廣告到現在。

對了！日本的兩大廣告集團電通和博報堂，在台灣都有分公司喔！

明年是台灣職棒三十週年，聯盟想辦個展覽，策展人剛好認識我做廣告導演的老公，邀請他拍攝宣傳影片，得知我是資深球迷又有廣告專業，不但可以分享獨家收藏，還是撰寫展區文案的最佳人選。

大學時打工賺夠旅費，我就常飛來日本找學姊玩，身為棒球迷，第一次到東京的重點行程當然是進巨蛋看巨人隊比賽。之後每次來日本，也一定會先買好球票。

這次已是我第五度來到東京，又是家族旅行，本來不打算再看球。但是巨人隊剛簽下我們台灣的選手陽代岡，不看怎麼行？

正好我需要撰寫展覽文案，想說賽前可以到棒球博物館裡找找靈感。我之前來參觀過兩次，你們日本人真的很了不起，不但有日本棒球各種珍貴收藏，還會展出韓國和台灣的棒球文物，連台灣自己都沒有這樣的地方可以長期展出這些收藏。

好了，不用翻譯我知道你要說我又離題了，我就快速進入重點吧。

我老公去廁所時，我走到台灣展區看看有什麼更新，站在也是來自台灣的火腿隊選手王柏龍的展示櫥窗前時，那位保全先生朝我走了過來。

之後發生的事，監視器都拍到了，我實在不想再回想了。你還是想再聽細節？唉，日劇都有演，你覺得我不是單純的自衛，想聽聽我的供詞前後有什麼矛盾是吧！

我雖然很抱歉但問心無愧，才不怕被你聽出什麼，那就請翻譯務必一五一十地翻給你聽。我會一點日文，知道她剛剛很多內容都跳過沒翻。

是這樣子的，那時候保全先生很用力地把手搭上我的肩，我嚇一跳轉身看他，想擺脫他的手，他卻抓得更緊，而且臉色鐵青瞪著我。我使出全身力量掙脫他要衝去找老公，他立刻追了上來，情急之下，我看到有個展示玻璃櫃被清潔人員打開，就把裡面的球棒拿起來自保。

保全隨即整個人撲向我，我連眼睛都不敢張開，盲目亂揮，想不到就這樣一棒打中他，他就倒地不起了。

老公這個時候才趕來，我整個癱軟在他身上，清潔人員叫了救護車，我們也乖乖待在原地等刑警。當時旁邊還有幾個參觀的人都可以作證。我們以為他應該只是昏倒，想不到救護人員到時，他就死了。

你知道我有多害怕嗎？明明是他莫名奇妙來攻擊我，我只是出於自保，卻失手殺了他，為什麼要逼我再去回想，嗚。

嗚嗚嗚……好倒楣……嗚嗚……

你問我覺得他為什麼要針對我？我怎麼可能知道？我只覺得他眼神充滿恨意，一副要殺了我的樣子，所以我才會這麼害怕。大概是把我誤認成曾經把他狠甩了的女友吧？

你說我知不知道他是五十嵐真貴？那個五十嵐真貴？你現在說我才覺得有點像……天啊！我知道他為什麼要……天啊這不是我的錯！

那些傳說只是穿鑿附會，我那麼愛棒球，怎麼可能做傷害球員的事？！我真的只是為了自衛，球棒就剛好出現在我眼前，那可是王正治的紀念簽名球棒啊，要不是真的擔心自己會沒命，我不可能拿這麼珍貴的東西出來用的。

你知道王正治也是台灣人嗎？

我把雨傘收起來放入傘架，走進居酒屋。

這次出任務，我選了酷似台日混血男星金城伍做為我的容貌。其實要接近這次的調查對象根本不需要什麼特定的身分，但出發前聽到同事說他的調查對象是一個標準情人，讓我腦中響起了一段旋律，一時興起，選了他的樣子。

我對人間的事完全不感興趣，唯一喜歡的是去唱片行聽歌。現在已走到什麼都數位化的時代，只要在雲端上試聽，喜歡就付費下載，但我還是最喜歡老派的試聽ＣＤ片。無奈唱片行都倒光，唯一的興趣都被剝奪了。

這年頭，連死神都得與時俱進，不然即使擁有不死之身，也很難活下去。

金城伍已經很久沒出現在人間，他過去主要的工作是演員，也曾經出過幾張專輯，歌聲不是頂好，但歌曲都滿朗朗上口，〈標準情人〉就是其中一首，我試聽過一次就能唱上幾句副歌。

情報部門說，我的調查對象五十嵐真貴，每天下班必到這間居酒屋報到，我在吧檯前他身旁的空位坐下時，他已經喝得爛醉，根本不管我是誰就傾吐個沒完。

五十嵐說，他曾是紅遍大街小巷的甲子園明星投手，在高中畢業後就被火腿鬥士隊相中，未來一片看好。

在棒球界流通著一個傳說，有對東方神經夫妻檔，只要去哪看球，那裡就會發生不幸。當時那對夫妻從台灣追來北海道，要看來自台灣的隊友王柏龍出賽，柏龍大王果然也受到影響，四打數四三振，最後一次三振急得揮大棒，球棒脫手而出，沒飛向敵隊投手，反而擊中在場邊熱身的五十嵐，被球棒打到頭，因此腦部留下創傷，讓他再也無法投出拿手的變化球。

除了打球什麼都不會的五十嵐，只能回秋田老家務農。直到東京巨蛋的棒球博物館保全退休，昔日在巨人隊的學長引薦他，博物館經理也相中他還殘存的一點名氣，又有運動員的身材體能，才讓他又找到跟棒球有那麼一點相關的工作。

然而，看著博物館裡名人堂的豐功偉業，聽著場內球迷的歡呼聲，對無法再打球的他來說都是折磨。

還有明明是日本的棒球博物館，為什麼還要存放一些台灣的棒球文物？每次看到穿著Amigo球衣的王柏龍照片，他就好恨。為什麼那對神經夫妻的詛咒，受傷最深的是自己而不是王桑？五十嵐因此愈來愈消沉，開始每晚來這裡用酒精麻痺自己。

五十嵐叭啦叭啦講了一堆他以為我理應認識的人事物，訴說自己可憐的經歷，我覺得十分厭煩，但為了對他該死與否做出客觀的決定，只好勉強自己聽下去。

最後我把他拖上計程車，情報部門有提供地址，我不必等他清醒即可送他到家。來應門的是國中就和他交往、現在奉子成婚的年輕太太。

五十嵐太太頂著大肚子吃驚地看著我。「請問？」還沒等五十嵐太太問完，我就回說我是居酒屋的客人，老闆拜託我送他回來，她一邊將頭髮撥下試圖遮蔽眼角的瘀青，一邊請我入內。其實我本想丟包走人，但看她大著肚子有點不好意思，只好幫她把五十嵐扛進房間。

我才回到客廳，她就緊抓住我說：「你是金城伍先生吧？沒想到我今天跟上天祈禱，請派一個像金城伍般的溫柔超人來解救我們母子，你本人就真的出現在我面前。我從小就是你的歌迷，你每張專輯我都有買，最喜歡的就是《溫柔超人》！當初我以為帥氣的五十嵐是我的溫柔超人，想不到他反變成了可怕的惡魔。我本來想被他打死算了，但為了我腹中的小伍，我一定要努力改變命運，你的出現給了我百分百的力量。」

五十嵐太太完全不管我有沒有回應，又自顧自地說下去：「想了一下午的計劃終於可以付諸實行了，我得趕緊準備五十嵐明天的便當，金城先生你先回去吧！事成之後我在家等你。」說完她就急忙把我推出門。

這次不用花一週的時間就能判定五十嵐真貴該死，監察部一定很滿意我的工作效率。其實在計程車上我就打算送出「認可」的報告，現在更加確定判斷無誤。

北和醫大法醫權威川崎教授於警視廳說明

我向來主張，看起來再單純不過的案子，也必須進行驗屍。這個案子就是最好的例子。嫌犯坦承犯案，監視器拍下整個過程，人證、物證均在，法醫室預算、人力吃緊，為什麼我仍然堅持要驗？

首先，一個身高一六〇公分，體重只有四十五公斤偏瘦的女性，居然有能力一棒擊斃高大壯碩，且有家暴史的前棒球員？罪證確鑿的影像蒙蔽了你們的想像，讓你們忽略了連小孩都可能發現的疑點。

沒錯，嫌犯可能剛好擊中某個致命點，有時候力道大不如用得巧，實習生香琴提出了這個論點；巡查古手山則說，也許是因為五十嵐的頭部有舊傷所以特別脆弱，聽起來也很合理，但這些臆測都需要科學驗證。

結果你們都知道了，五十嵐真貴的死和他頭上的傷一點關係也沒有。

我當初判定必須驗屍還有其他因素，毒物檢測也證實了我的推測。你們居然沒有任何人留意到，他死亡時口中吐出的血混著白色泡沫，且有點失禁現象。還有，五十嵐步履蹣跚衝向嫌犯，一副快跌倒、伸手想找東西扶的樣子，你們也沒有覺得奇怪？只有加賀發現這些不自然之處，而再去偵訊一次嫌犯，她不是主訴五十嵐面色鐵青嗎？

氨基甲酸鹽類農藥「鈉納得」無色無味，取得又容易，是很常被拿來當毒死人的凶器，連普通平民五十嵐太太都知道可以拿來毒夫，根本不需要什麼推理能力。但輕易疏忽還算滿明顯的細節，想草草結案不驗屍，真相就不會浮現。

對那位無辜女球迷來說，失手傷人與失手殺人，所要面臨的刑責和心理煎熬實在天差地遠。任何非自然死亡都該驗屍，才能執行真正的正義，希望你們能謹記在心。

還有，巧合就是巧合，謠言可以用科學破解，不要再相信那些怪力亂神的傳說了。

博物館裡的野球魂

五條印有陽岱鋼名字的加油毛巾一字排開，我和家人朋友在東京巨蛋的觀眾席開心合影。這是我第五次來看讀賣巨人隊的比賽，也是當時陽岱鋼被簽來巨人效力的第一年。

學生時期一起瘋中華職棒的學姊坐在我左手邊，眼睛都在看我女兒沒在看球——今天是學姊朝思暮想的粉絲見面會——長住日本的她平時只能在臉書上追逐外號「可愛黨黨主席」我女兒的身影，這回總算可以托陽岱鋼的福，見到黨主席本人了。

學姊左邊是與我相約來日本家族旅行、住在美國的姊姊，她正在與也是長住日本的國中同學聊天。遠在販賣區的姊夫，抱著第一次進球場被嚇哭的小外甥女，正使出渾身解數哄小孩，我右手邊的老公和大外甥女，則是低頭在吃巨人隊三冠王限定版便當。

現場只有我一個人在看球。

叩叩叩，「上壘吧！坂本勇人」；咔咔咔，「燃燒吧！阿部慎之助」。我努力抵抗日本啦啦隊平直單調的催眠加油聲，想辦法盡好一個球迷的責任，等待陽岱鋼的每一次上場打擊。

以我們夫妻過去的帶衰經驗來看，陽岱鋼可以健健康康地出賽已經很強了，還送上一次精采的美技守備，所以我完全可以接受他三打數零安打的表現。

自從日本職業足球聯盟 J-League 成立後，在地經營的成功模式，搶走了大量職棒球迷。所以日職各球隊後來也開始在地化，非常重視主場球迷經營，每支球隊都發展出屬於自己的特色，使出渾身解數創造娛樂型的看球體驗，票房也因此慢慢回升。唯獨巨人隊沒這麼做，也不需要這麼做。

獨霸一方的巨人隊擁有全國性的球迷，主場又在東京巨蛋，像我這種觀光客也非常多。但正因如此，我覺得在這裡看球氣氛頗無聊。

東京巨蛋非常大，能容納近五萬名觀眾，一如日本人給我慣有的感覺，室內球場乾淨舒適，滿滿的觀眾井然守序，極少看到謾罵、講幹話的情形。連場邊應援的啦啦隊也都很有組織，由不同隊長輪班帶球迷加油、喊口號和比動作，精準整齊，語調平和，有種機器人感。台灣職棒球隊也是類似方式，但是花俏熱鬧，有人味多了。

說成這樣，那我何必來五次？其中兩次是因為同行旅伴沒來過，一次正好遇到「日本一」系列戰，最近這次則是為了支持台灣旅日球員，總之，在巨蛋看一場球賽，好像變成到東京旅行的一種習慣。當然巨人隊會有這麼多的球迷，還是跟他們戰績有關，即使場邊氣氛平淡，球賽本身的精采度仍是相當高水準。真球迷還是應該到此朝聖，看看世界頂尖的日本職棒。

東京巨蛋還有一個必訪的理由——位於地下室的野球殿堂博物館，個人覺得比賽事更有吸引力。美國大聯盟許多球場都有球隊的博物館，但這裡不只是展出巨人隊的紀念物品，而是真正的棒球博物館。

除了各種日本棒球歷史文物，也有世界幾個棒球國家的展品，所以台灣球迷來這裡也會感到特別親切。不但能在日本名人堂選手肖像牆中，看到電影《KANO》裡的小孩子吳波（後改名吳昌征）和大家最熟悉的王貞治，還可看到專屬台灣職棒的展區，像是陳列了陳連宏、陳金鋒兄弟分別在二〇〇七年和二〇〇六年亞洲職棒大賽，擊出滿貫全壘打的兩顆紀念球。

我最喜歡的是日本國家代表隊，連兩屆拿下世界棒球經典賽冠軍的展區，光是回顧賽事的影片，就有滿滿的野球魂，每次都看得我熱血沸騰。

棒球賽事會不斷增加各項特別紀錄，因此博物館不定期會更換展示主題，每次來都能有新發現。我猜想日本球星鈴木一朗，在二〇一九年美國大聯盟於東京巨蛋舉辦海外開幕戰中的退休儀式，應該會有一些相關收藏留在野球博物館，下回去東京我一定要再去確認看看。

台灣現在有了職棒教父在龍潭所蓋的「棒球名人堂」，以及洲際球場的「台中棒球故事館」，希望將來有個官方的棒球博物館，可以存放我出借給中華職棒三十週年展的收藏品。

東京巨蛋位於後樂園美麗的摩天輪旁，丸之內線、南北線「後樂園」站、大江戶線「春日」站，或JR總武線、都營三田線「水道橋」站，都能抵達。球賽當天可以安排東京巨蛋一日遊，除了可以逛很久的野球殿堂博物館和巨人隊紀念店，巨蛋周邊還有後樂園、各式主題樂園、宇宙博物館、室內溫泉設施。廣場常舉辦表演，也有購物商圈和餐廳；遠一點則有小石川後樂園可以散步，非常適合親子遊玩、男女約會。同行旅伴若對球賽沒興趣，也可在此分頭行動，各取所需。

許多台灣人都很瘋日本、東京該怎麼玩，實在不需我多做說明，疫情過後想必會有報復性旅遊潮，如果想來點不一樣的，在此推薦另外兩項運動相關行程。

首先是東京國際友誼馬拉松。不是跑步好手參加的東京馬拉松賽事，而是適合給我這種觀光客「玩」的短版馬拉松。

因為每年有太多跑者沒能抽中熱門的東京馬拉松，因此主辦單位會在東京馬拉松賽前，辦一場只有五公里的友誼馬拉松，讓不能參賽的人過乾癮。起跑和完賽點都在台場，可以在東京灣的美景下，與穿著各種奇裝異服的國際遊客一起跑步，沿路有各種趣味應援活動表演和補給品，非常歡樂。

另一個是相撲餐廳。棒球是台灣的國球，

相撲則是日本第一國技，不過我說的也不是去看專業的相撲比賽，而是表演性質比較高的相撲餐廳。

相撲力士在日本位居國寶級地位，一般日本民眾平常是無法接觸到力士的。後來因為一些退役的力士開了火鍋店，讓大家都能親身體驗力士們平時吃的相撲鍋，給人民滿滿的力量與勇氣，所以力士競技場附近都會有開這樣的餐廳。不但可以吃鍋，去相撲協會開的店[1]，還會有力士在「土俵」圓形擂台上競技，也就是邊吃相撲鍋邊看相撲比賽，十分有趣的體驗。但是要注意競技場內的真土有其禁忌，女生都不能上去，連摸都不行喔。

注

1 花の舞唐揚げ千ちゃん江戸東京博物館前店，+81 3-5619-4488，東京都墨田区亀沢 1-1-15

愛在球賽結束時

用聖日耳曼隊記憶巴黎

歐洲之星倫敦通往巴黎的路上。車廂內乘客不多，有人打盹，有人望向窗外，還有媽媽追著孩子在走道上跑。年輕的亞洲女子茱莉，窩在座位滑手機。在她後方數排靠走道坐著另一名年輕人，伊森，正盯著筆電打字。

茱莉對面的一對亞洲夫妻，從原本低聲爭執漸漸轉變為大聲爭吵，茱莉抓起隨身行李，往後走了幾排，在伊森對面另一側座位坐下，兩人因此交會了一下目光。

伊森繼續振「手」疾書，似乎完成了一個段落，滿意地闔上筆電，雙眼放空，視線從窗外掃進車內，瞥見茱莉手中球衣造型的手機外殼，紫框黃字，印著 Bryant 24。這引起了伊森好奇，他收起筆電，起身往茱莉身旁空位坐下。

伊森：嗨！湖人迷，你會說英文嗎？

茱莉：會。我不算湖人迷，我只是科比迷。

伊森：好的，我來自洛杉磯，你覺得今年我們有機會二連霸嗎？

茱莉：這對科比迷來說算是有點無禮的問題。

伊森：哈哈哈！你怎麼會喜歡湖人，喔，不，怎麼會喜歡科比？

這時候那對亞洲夫妻又再度吵了起來，引起車廂內一陣騷動。

伊森：你知道他們在吵什麼嗎？

茱莉：我聽不懂廣東話，但我猜大概是太太抱怨先生很不會拍照，或是一直迷路又不肯問路這種事情吧～

伊森：很有可能。你是哪裡人？

茱莉：台灣。中國旁邊的一個小島國家，但不屬中國，也不是泰國。

伊森：我知道台灣，我大學同學有幾個台灣人。

茱莉：嗯，洛杉磯的台灣人應該也挺多的。

伊森：你的英文很好，是在倫敦讀書嗎？

茱莉：不，我只是很喜歡旅行，會英文比較方便。你英文也很好。

伊森：呵呵，很好笑。對了，我叫伊森。

茱莉：茱莉。

夫妻沒有停止爭吵。

伊森：要不要去餐車廂坐坐？

茱莉：好主意。

兩人在餐車廂裡面對而坐，伊森喝熱拿鐵，茱莉點了一杯檸檬水。

伊森：你還沒回答我，你怎麼會喜歡科比？

茱莉：你們美國的運動文化深深影響台灣，台灣人最愛的運動應該就是籃球，每間學校都有籃球場，還有，從美國來的棒球被我們稱為國球。我們很常能看到NBA和MLB的轉播，所以會喜歡科比不是什麼太特別的事。只是男生喜歡他的是球技，我就是膚淺女球迷，因為他帥。

伊森：OK。

茱莉：討厭科比的人很多，我很習慣別人不認同了。

伊森：我又沒說什麼，何況我來自洛杉磯。

茱莉：你也可以支持快艇隊。

伊森：我也是膚淺的洛杉磯人，看湖人比賽長大的。你怎麼會想去倫敦玩？

茱莉：我的大學同學傑芮在倫敦讀研究所。我的舊工作結束，新工作還沒開始，所以趁這個空檔來找她玩，順便看場溫布頓。

伊森：哇！你真是個運動迷。那要去巴黎看什麼？

茱莉：沒預算看球了，只能看朋友。我另一個同學雪球，在巴黎飯店實習。你呢？來巴黎做什麼？

伊森：怎麼說呢？我想寫小說，來巴黎取材。自以為是海明威，結果來了兩週，天天坐在雙叟咖啡館裡卻一個字也寫不出來。就跑去倫敦溜搭個幾天，現在要回巴黎準備打道回府。

茱莉：哪方面的小說？我最喜歡推理小說。

伊森：正是推理小說。你看美國推理小說嗎？

茱莉：勞倫斯・卜洛克、丹尼斯・勒翰、哈蘭・柯本，最近很迷泰絲・格里森。

伊森：哇！台灣都看得到？

茱莉：我說了台灣深受美國文化影響，好萊塢電影在台灣都是和美國同步上映，有時候甚至因為時差關係比美國更早。

此時列車進入一片漆黑的隧道。在黑暗中，兩人停止交談，一陣曖昧尷尬與沉默後，伊森開口。

伊森：嗚，聊到推理小說，就進入可怕的黑暗，這有什麼啟示？

茱莉：東方快車謀殺案。

伊森：哈哈哈，然後我就可以登場解謎。

茱莉：來了兩週，終於在最後一天題材自動送上門。

列車出隧道口，又恢復明亮，茱莉望向窗外，伊森欣賞著她陽光下的甜美側臉。

伊森：你呢？你是做什麼的呢？

茱莉：我做廣告。

伊森：有意思。是拍攝電視廣告嗎？

茱莉：電視、廣播、雜誌、戶外看板……你想得到的都有，不過我們只發想創意，不負責製作。

伊森：某種程度而言，你也算寫小說的，創造故事，只是還加以影像化。

從窗外景色看得出列車正要駛入巴黎車站，兩人起身收拾行李。

伊森：真希望早一點認識你，我很喜歡和你聊天。

茱莉：我也覺得跟你聊天很愉快。

車停妥，乘客拿著行李上上下下。伊森和茱莉也各自拿著行李排隊等下車。

伊森：雪球會來接你嗎？

茱莉：不會，她今天很晚下班，我自己搭車去她家，鑰匙很老套地放在地墊下。

兩人下車，伊森幫茱莉提著行李的手沒有放下。

伊森：她住在哪？我陪你去，然後再帶你去晃晃，畢竟我也待了兩週，應該有資格當地陪，你本來有什麼計劃？

茱莉：你很貼心，我本來就打算自己隨便晃晃。

伊森：太好了，這樣我還可以繼續和你聊天。我不知道你覺得如何，但我感覺和你有一點……心靈相通。

茱莉沒有回應，但露出一抹微笑，低頭滑手機查看雪球家地址。

茱莉：她住在十九區。

伊森：喔？女孩子住在十九區挺危險的耶。

茱莉：沒辦法，巴黎租金很高。何況，我也才認識你不到一小時，所以我膽子算大。

伊森：嘿，等等如果你發現我是變態，隨時都可以立刻閃人，好嗎？

茱莉：照推理小說的情節，發現你是變態時，我可能已經是一具屍體了。

茱莉坐在莎士比亞書店門口的木椅前，仰頭看著藍天。伊森則翻找放置在書店外幾箱木櫃裡的二手書。

茱莉：在台灣有支很出名的航空公司廣告，有一個鏡頭是在這裡拍攝的。我正坐在主角的位子，

他是台日混血的大帥哥。

伊森：我之前也常坐在這個位子。

茱莉：嗯哼。

伊森在茱莉身旁坐下。

伊森：是真的。我可沒說我是帥哥，只是常來這翻書找靈感，所以這是我第一個想帶你來看看的地方。

茱莉：你想寫哪方面的推理小說？

伊森：其實推理不是重點，我腦筋不太好，不會想詭計，只是想寫我關心的社會議題，用推理的方式去包裝它。我第一本小說寫的是疫苗與醫療問題，這次想寫戰爭，所以才會想來到讓美國獨立生效的地方看看。

茱莉：哇，下重本的田野調查。

伊森：好啦！其實也只是很想來玩，看能不能遇到法國美女。

茱莉：那我們來搜尋一下法國的帥哥美女。

兩人離開莎士比亞書店，來到塞納河畔漫步，行經奧賽博物館時，茱莉拿起手機，對認著四處的街道名稱。

茱莉：聽說台灣駐法代表處在附近，是棟百年建築，曾經有一部講交響樂的日劇是在這裡取景的，你可以陪我去找找嗎？

伊森：你好像對拍攝場景很感興趣。

茱莉：我很喜歡電影、影集拍攝場景主題之旅，主角去過的餐廳、世界末日摧毀的地標，甚至是推理小說中的命案現場，都很想去看看。

伊森：那你應該會愛洛杉磯。

茱莉：不要跟我說環球影城那種片廠，去過一次就夠了。

伊森：你來過洛杉磯？

茱莉：別忘了我是科比迷，每年我都會利用華人舊曆年的長假，去看一場球賽，史坦波中心根本是我家後花園。

伊森：太好了，下次來找我。

兩人走上藝術橋，一名扮成畫家的街頭表演者，遞上一枝玫瑰花給茱莉，再把伊森推向她，示意要幫兩人拍照。伊森拿出手機給表演者，正想搭茱莉的肩膀時，茱莉向前將手中玫瑰和表演者的畫筆交換，要伊森拿著調色盤，兩人搞笑合影。拍完照後茱莉隨即走開，看著橋上滿滿的鎖頭。

茱莉：這些人把名字寫上鎖在這，如果將來分手了，帶新的另一半來這裡不是很糗？

伊森：我記得影星葛妮絲・派特洛曾說過，她父親帶她來巴黎玩時對她說，「巴黎，是要跟會愛你一輩子的男人來，所以必須是我。」

茱莉：這說法好美。嗯，我還想去找一個廣告場景。

調色盤咖啡館內，兩人剛點好各自需要的飲品，服務生離去。

伊森：離藝術橋好近，難怪叫調色盤，我從來不知道這家咖啡館，你真的沒來過巴黎？感覺很熟門熟路，這個位子又是哪位大明星坐過？

茱莉：我對巴黎做過很多功課。剛當菜鳥文案時，遇上了一個許多文案夢寐以求的品牌。它是一瓶被塑造成充滿人文氣息的罐裝咖啡，廣告情境要讓人彷佛置身在巴黎河左岸的咖啡館，其中一支影片，就是在調色盤咖啡館拍的。

伊森：所以你來過巴黎拍片嘛。

茱莉：沒有，只有老闆來。但那段經歷讓我對塞納河左岸這一帶熟透了。

伊森：沒關係，老闆應該不會是愛你一輩子的男人。你有一個這樣的男人嗎？

茱莉：我爸爸沒像葛妮絲・派特洛的父親那麼女兒控，而我以為的那個人，也剛剛把我甩了。

伊森：喔，我也是。

茱莉：所以你來找法國美女。

伊森：哈。你們發生了什麼問題？

茱莉：非常傳統的問題，辦公室戀情與劈腿。分手後，他立刻跟另一個同事在一起，每天在我面前打得火熱，害我班也上不下去，就把工作辭了飛來旅行。你們呢？是什麼問題。

伊森：問題是我不知道問題在哪。我們大學就在一起了，今年初她也是慢慢疏遠我，我問不出個原因，就說感情淡了。

茱莉：看來我們都應該別浪費時間喝咖啡了，法國帥哥美女在外面等我們。

時間已近黃昏，兩人坐在渡船的船尾，微風徐徐。

茱莉：巴黎真的好美。

伊森：很美。

夕陽映在波光粼粼的水面上，聖母院在他們後方。茱莉望著風景，伊森的目光則停留在茱莉身上。

茱莉：因為失戀，在倫敦時望著窗外的雨整天哭哭啼啼，所以潔芮把我趕出門叫我去一趟巴黎，說一個單身女子走在巴黎街頭，一定會有豔遇，法國男人浪漫多情，有助忘掉負心漢。沒想到遇到了一個美國人。

伊森：很抱歉讓你失望了。

茱莉：嘿，我也不是法國美女。好笑的是，我剛剛才想起雪球的叮嚀，她說法國男人請喝咖啡，是邀對方上床的暗示，如果沒意願，千萬別答應對方。結果是我約人喝咖啡，所幸你是美國人。

伊森：我剛剛看船上好像有賣咖啡，等我一下。

茱莉：別鬧了，我們才剛喝完耶。

伊森作勢要走進船內，此時船也正好抵達停泊點。

茱莉：請問地陪還想帶我去哪邊走走？

伊森：去看聖日耳曼隊？

伊森查看手機。

伊森：今晚正好有比賽！
茱莉：買不到票了吧？
伊森：去現場碰碰運氣，就算沒票，在場外感受一下氣氛也不錯啊。
茱莉：我怎麼覺得你有點了解我。
伊森：距比賽開始還有一點時間，你想去球場裡吃垃圾食物還是附近找間餐廳？
茱莉：這裡是美食之都巴黎耶，當然是後者。

兩人呆站在一家速食店門口，窗內黑壓壓的人潮，清一色是凶神惡煞的黑色皮衣皮褲男。人手一杯啤酒彼此大聲叫囂，發現伊森和茱莉的幾個人，還惡狠狠地瞪著他們。

面對環伺的惡鄰，兩人自在火車相識後罕見地沒有交談，快速將漢堡薯條往嘴裡塞後立刻離開。往球場的路上，一路都有荷槍實彈的鎮暴警察，準備進場的球迷，幾乎看不到上班族、家庭或情侶，也沒有什麼人穿球衣，頂著龐克頭的倒是不少，啤酒肚男也很多，不然就是像剛剛在速食店的皮衣哈雷機車族。看到茱莉這個異類出現，每個人都面露凶光，她害怕地勾起伊森的手低頭前進。

進到場內，所幸鄰座都是看起來稍稍正常的年輕人，但比賽一開始，四周正常的年輕人，突然變身成為黑道大哥身旁的小囉嘍，一路咒罵叫喊，丟杯子踹椅子，幾乎站著看完整場比賽。

散場時，可怕的場面升至最高點。一批批酒醉鬧事的瘋狂球迷們，大聲唱著隊歌，看到可以踢的東西就踢，空中一直有垃圾在飛，伊森和茱莉努力在推來擠去的人潮中，鑽入安全的空隙，鎮暴警察的作用似乎只是讓這群足球流氓不會進一步殺人放火。地鐵站，一群群不買票就跳過地鐵閘門的人，進車後又大力拍打車廂玻璃。伊森緊握茱莉的手，快步走向列車最尾空處，站在正常乘客旁。隨著一站站過去，可怕的球迷們也隨之遞減，伊森才終於再開口說話。

伊森：對不起，我不該提議去看球的。

茱莉：是因為我愛看運動比賽的關係，呼~也算是前所未有的體驗，你可以寫進小說裡！

伊森：經歷剛剛的生死與共，我真的不放心你住的地方。聽著，除了這場球賽，一整天的相處實在很美好，我承認如果你來我住的飯店，我當然是會想進一步做些什麼，但前提真的是我很不希望你待在十九區，我也還想和你再多聊聊天。我很喜歡你，但絕對尊重你，如果你覺得不妥、沒有意願，我幫你另訂一間房。

茱莉：經歷剛剛的生死與共，我當然相信你。我也覺得我應該會想跟你進一步做些什麼，但你明天就要回美國了，實在不想再增加一個傷心的可能。兩個失戀的人，在最浪漫的城市邂逅，實在太典型的愛情喜劇了……。或許，我們應該讓美好的回憶停留在今晚就好。

伊森：也或許這世上真有愛情喜劇，我有可能就是那個會愛你一輩子的男人，但你永遠不會知道答案了。

茱莉猶豫著。這時她口袋裡的手機響起，茱莉接起來，開始說著伊森聽不懂的中文。伊森急切地望著窗外。

伊森：再兩站就要到了。

茱莉：我們現在就下車吧。

茱莉下車，拉著伊森換到對面月台，伊森露出驚喜又不解的眼神。

茱莉：雪球有個同事臨時不能來值夜班，經理拜託她加班，雪球也不放心第一個晚上我就自己睡在她家，所以她答應經理加班的條件是，讓我免費住他們飯店。去飯店的路上我還可以再陪你聊聊天，而且你不用擔心我今晚的安危了。

伊森：她在哪間飯店工作？

茱莉把手機訊息拿給伊森看，伊森不可置信地從口袋翻出該飯店的房卡。

伊森：也許我該改寫愛情小說。

兩人相視而笑。

愛在足球比賽結束後一小時發生。

這樣玩 用聖日耳曼隊記憶巴黎

愛在球賽開始前

年輕時第一次去巴黎，身旁沒有會愛我一輩子的男人，更悲傷的是那時我才剛結束一場辛苦戀情，聽到好友雪球要去巴黎出差，就帶著一卡皮箱硬跟去。行前許多朋友都以「在法國一定會有豔遇」來為失戀的我加油打氣，搞得我也莫名期待，看能不能讓前男友後悔。

當時雪球要工作，多數時間我都是一個人在巴黎街頭遊覽。結果，整整一週的巴黎之旅，完全沒有碰到任何男子向我搭訕。一、次、也、沒、有。真是比悲傷還悲傷的故事。

後來我跟著理論上應該會愛我一輩子的男人再訪巴黎，有老公在旁，也不可能再有豔遇機會。我只好把幻想寄託在〈愛在球賽結束時〉故事中，而且對象當然要是電影《愛在三部曲》的伊森・霍克。

人們說，藝術是巴黎人呼吸的一部分。這個說法扣掉看足球賽的部分我完全同意。足球在浪漫的巴黎一點也不浪漫，所以我對巴黎的愛，只停留在去看聖日耳曼隊比賽前。

和老公的三度蜜月歐洲行，足球賽事行程落在西班牙。我們在巴黎的最後一天，才臨時起意去王子公園球場（Parc des Princes）碰碰運氣，看能不能加看一場足球，事後關於這個決定我感到相當後悔。

走出地鐵站，聚集在王子公園球場外的，再也不是時尚優雅的巴黎帥哥美女，而是一群群滿臉孔洞的皮衣龐克男和肥禿醉漢。老公和我懷著夫妻生死與共的決心，緊握對方的手，股起勇氣穿越一道道充滿殺氣的目光走向售票處，從來沒有如此不希望買到球票的，沒想到購票異常順利，票價還十分低廉。

原以為早到球場、搶到票後，能在附近好好享用法式美食，結果是以冒著生命危險的心情，隨便找間速食店吞下漢堡薯條，倉皇進場。不誇張，雖然場外滿是警察，但他們的存在非但沒帶來安全感，還讓這些凶神惡煞的恐怖感更為真實。

所幸坐進球場，身旁的球迷看起來正常多了。沒想到裁判計時哨音一響，這些人全都足球流氓上身，叫好吼滿九十分鐘。明明對手是只有乙級水準的迪安ＦＣＯ，聖日耳曼隊持球時間居多，以２：０一路領先，但是他們搞得很像落後一樣，盡情揮發酒精作用，充滿怒氣咒罵，法文變得一點也不呢喃動聽，整場比賽彷彿置身格鬥摔角賽。我完全無心觀戰，但是呼吸失調、胃痛的緊張感，簡直就是在看ＰＫ大戰的程度。

散場時，恐怖感再度推升，足球流氓們充分展現暴力慶功法。高聲唱著隊歌，相互推擠、敲打物品、踢垃圾、踹垃圾桶，四處丟啤酒瓶、彈射未熄滅的菸蒂。狂歡進入地鐵站，沒有人購票刷憑證，直接跨跳過閘門，進車廂後再猛拍玻璃，展現贏球的開心。這不是巴黎，是電影蝙蝠俠裡的高譚市。

預訂民宿前，我不知道居住的十九區在當地人眼中是治安較差的地方，但是前九天的旅程，除了環境較髒亂落後，沒感覺到什麼不安。最後一天臨時起意的聖日耳曼隊賽事，在我心中才是巴黎最危險的地方！雖說我是力倡旅行要兼看球的運動迷，聖日耳曼隊也是球星雲集的超級強隊，但我真心不推在巴黎看足球，除非你想終結對巴黎的愛。

足球不推，法網也離巴黎市中心很遠，但據說著名的環法自行車賽非常值得參與。

賽事每年七月在巴黎舉行，終點站總是會穿越巴黎市中心的香榭麗舍大道，再經過艾菲爾鐵塔，在這些景點旁觀賽想必過癮。二○二四年的巴黎奧運更是值得期待，巴黎已在接棒東奧時，公布各賽事的賽場模擬規劃圖：艾菲爾鐵塔前的戰神廣場將舉行沙灘排球、柔道和摔角；耶拿橋（Pont d'Iéna）有鐵人三項、公開水域游泳競賽；塞納河右岸的協和廣場（Place de la Concorde）會有台灣好手極可能參與的新增項目霹靂舞和滑板；巴黎大皇宮（Grand Palais）則是擊劍、跆拳道的比賽場地；凡爾賽宮將舉行馬術、現代五項全能運動等等。能在這些美麗又具歷史性的建築旁觀賞賽事，實在太值回票價。

以個人經驗來說，我還很推薦在巴黎從事

的運動是散步。本篇故事參考電影《愛在日落巴黎時》裡席琳（茱莉・蝶兒飾）和傑西（伊森・霍克飾）的腳步，規劃出心中最佳散步路線，非常適合以此方式和巴黎談一場戀愛。

海明威名言：「巴黎是場流動的饗宴。」咖啡館和米其林餐廳林立，網路上可以查到各種資訊，這裡只推薦一間我的私房餐廳，位於羅浮宮附近的法式日本料理 Ebis[1]。主廚劉大哥是新加坡華僑，在台灣讀過書也常來台灣旅行，對台灣來客總是熱情款待。重點是餐點非常美味，法國料理獨步全球，但對於亞洲胃的我來說，Ebis 是真正的救贖，尤其是在賽後驚魂未定時，一碗熱騰騰的日式擔擔麵，能幫助我找回對巴黎的喜愛。

注

1 Ebis：+33142610590，19 Rue Saint-Roch，75001 Paris

五歐元的足球夢

用巴塞隆納隊記憶巴塞隆納

胡里安・羅德里奎茲翻遍整個皮夾，看著裡頭僅存的一張五歐元鈔票，思緒突然回到十二歲那年夏天。

就像所有西班牙小孩，胡里安從小就有足球夢，但他的起步說好又不是太好，雖出身在足球強城巴塞隆納，卻是在Sants區的貧民窟長大。窮人家孩子靠足球翻身的故事時常流傳，但他們沒說的是，那只是萬中選一的例子，剩下的九千九百九十九個繼續過苦日子的，才是常態。

更慘的是，胡里安足球踢得真的很好，如果你很普通，比較容易放棄夢想，如果你很有天分，會緊抓著夢想不放。在他八歲那年，老天再次玩弄他，窮人看不起醫生，流感拖到最後變成嚴重肺炎，胡里安雖撿回一條命，卻隨之得到氣喘。對一般人來說，後遺症氣喘可能還算可以接受，但在需要大量跑動的足球世界，是等於被宣判死刑的終極殘疾，典型的悲劇。

熱愛足球的胡里安還是不肯就此停止做夢，只要逮住機會就跑去踢球。一直踢到氣喘發作，被同學抬回家，被媽媽禁足（足球和外出）；然後再偷出去踢球，踢到氣喘發作，被同學抬回家，被媽媽禁足。如此惡性循環直到他十二歲那年，終於又看見一小道曙光。

同學的表哥荷西，是被巴塞隆納足球學校重點栽培的明日之星，有天分又肯努力，學校練不夠，回到家也會自主訓練。積極的他想找個陪練員度過暑假，輾轉得知有個很愛足球且技術不錯的小老弟，於是問胡里安願不願意幫忙。

當年歐盟正式發行第一套通用貨幣，歐元是熱騰騰的新鮮貨，每次練完球，荷西都會賞胡里安一張五歐元做為酬金，有足球可踢又有錢賺，也算是一點點夢想成真。更棒的是，陪練的過程讓他足技更上層樓，荷西承諾他將來若飛黃騰達，絕不會忘了提攜同鄉。

胡里安問荷西他有氣喘問題怎麼辦？荷西充滿信心地回應：「只要夠厲害，球隊就會想辦法找最好的團隊醫好你。你看阿根廷的梅希，我們巴塞隆納青年隊都可以花大把銀子幫助他長高了，你可是我們土生土長的加泰隆尼亞孩子，一定沒問題的。」

那年夏天正值世界盃開踢，胡里安得知原來在遙遠的亞洲，還有日本和韓國這兩個足球很厲害的國家，而且韓國居然在八強戰ＰＫ掉西班牙。胡里安憤怒卻不傷心，因為他的足球夢又重燃希望了，他相信只要他將來加入國家隊，一定可以幫西班牙報仇。那些只是占到地主優勢的大餅臉小眼睛們，等著瞧瞧胡里安的厲害吧！

結果，一宗毒品糾紛，提前終結胡里安向韓國隊復仇的夢想。

兩個幫派在新開發的毒品交易區爭地盤，其中一派有個衝動無腦的小嘍嘍，想要爭取老大青睞，自己跑去敵營酒吧暗殺二當家。結果不但當場被逮，還在混亂中錯殺了人，那名無辜路人，正是和胡里安剛練完球，想抄近路回家而經過酒吧後巷的足球明日之星荷西。

同一時間，被媽媽發現在偷洗球衣的胡里安，渾然不知他的足球夢已再度破滅。

然而，胡里安還是沒有因此被擊倒，球技進階的他很快從痛苦中振作起來，決定靠自己的努力爭取未來。只是少了荷西的引薦，他不知道有什麼管道能被巴塞隆納隊看見，只好三天兩頭往諾坎普球場跑。這個方法當然沒得到球隊的任何關注，反而被一幫混混注意到，以為他是要來搶他們的小偷生意。

胡里安就這樣和這群人不打不相識，他們相中他的腳程，可以在諾坎普球場將近十萬人的散場觀眾群中，迅速接近目標。對胡里安而言，一邊追逐足球夢，一邊賺點零用錢，也沒什麼不好，而且扒來的錢，幾個人分下來都還比五歐元多呢。

不過西班牙小偷猖獗漸漸廣為世人所知，觀光客愈來愈小心，錢愈來愈難偷，胡里安的同伴們，紛紛轉向從事賣假包或是電話詐騙等新興事業，只剩他還留在這裡。他還沒完全對足球死心，相信只要能接近巴塞隆納隊就有機會，而且他偷技一流，競爭者變少，每場比賽結束後仍是有不少進帳。

累積豐富經驗的胡里安，最常鎖定亞洲人。他的心得是美國人慣用信用卡，歐洲人只是來鄰國玩也不會帶太多錢在身上，亞洲人最喜歡帶大把現金。而且，偷亞洲人還有種報復韓國的快感。

今夜，胡里安又鎖定了一對亞洲夫妻。

這場比賽巴塞隆納對上的是皇家馬約卡，是胡里安最有利的對戰組合，因為馬約卡是當地球迷沒興趣看的弱隊，必定會有非常多的觀光客球迷。那個亞洲男滿臉癡笑牽著老婆在人群中隨波逐流，想必還在回味梅希剛才上演的帽子戲法吧！他連個背包都沒帶，所有家當一定都在工作褲裡，心情大好的他，應該要到明天買早餐時才會發現皮夾已消失。

果不其然，胡里安不花半秒就從這人右腿側口袋摸出錢包，還有餘裕現場確認今晚是不是可以就此收工。

打開皮夾每個夾層都確認後，除了信用卡和證件，就只剩一張五歐元在裡面。

這是胡里安當小偷以來第一次遇到的狀況。剛剛外套和褲子的其他口袋全摸過，只有他懶得偷的零錢和舊款手機，但這人實在不像懂得藏錢的樣子，唉！可能正因如此，錢一定全被老婆收走了吧？只留五歐元也太過分了，他不禁為這人的婚姻生活感到悲哀，也為此刻的自己深感懊悔。

盯著這五歐元，讓他回想起十二歲夏天的陪練員時光，曾幾何時，誓言用一身足技向韓國人討回公道的雄心壯志，竟被偷竊取而代之了呢？

還來得及，胡里安追了上去，在地鐵車門關上前一刻，他將皮夾遞給那名可憐的亞洲男。只見還搞不清楚狀況的男子收過皮夾，滿臉疑惑地看著他，隨即被列車帶走，消失在視線外。

還來得及，胡里安心想，他還年輕，也好久沒有氣喘發作了。他與人潮逆向而行，往球場邁進，重新追求他的足球夢。

二十歐元的幸運護身符

私以為，巴塞隆納有三寶，小偷、高第、巴塞隆納足球隊。

當你想要前往巴塞隆納旅行，任何有經驗的朋友或旅行達人，第一個會提出的建議通常不是必去哪個景點或是哪間餐廳，而是要如何預防小偷、藏好錢包、避免自己看起來像個觀光客。為了讓你信服，通常也會分享自己在巴塞隆納被偷的經歷，沒錯，大家都這麼有心理準備了，還是免不了被偷。西班牙小偷聞名世界，尤其是遊客最多的巴塞隆納，扒手的技術更是爐火純青，我可說是有親身經驗。

第一次去巴塞隆納旅行，住在友人家，能把自己弄得像當地人一樣，讓剛出社會、實在沒什麼值錢東西可偷的我得以全身而退。第二次踏上巴塞隆納，是和老公為期一個月的三度蜜月歐洲行，西班牙是最後一站，已經是窮到脫褲的旅行尾聲，還因此學會在國外ATM用信用卡預借現金，並且得到小偷的憐憫。

此行最重要的目的是去看巴塞隆納三寶之一的巴塞隆納足球隊，它是舉世公認的超級強權，除了當地球迷死忠支持外，只要對足球賽事稍有了解的觀光客，至此地旅遊必定會來諾坎普球場（Camp Nou）朝聖。在一票難求且貴到靠北的情形下，我們夫妻竟幸運地免購票入場。

朋友的朋友是巴塞隆納俱樂部會員，有固定席位的年票球迷，沒時間或是對戰組合無趣的時候，他會大方將會員證借給想看球的親友。我們在巴塞隆納期間，有場比賽正好對上實力較差的乙級球隊皇家馬約卡，讓我們窮鬼夫妻得以享受到這個福利。

賽前我們也安排了其他運動行程，先至九二年巴塞隆納奧林匹克運動公園（Anella Olimpica），現存場館都很破舊，但聖火台還留著，當年由帕運神聖手用弓箭接過聖火火種，舉箭射向二十一公尺高的聖火台，是我認為至今最棒的聖火點燃儀式，無論如何都想再去現場看看。下午再到西班牙廣場（Plaçad' Espanya），除了在威尼斯雙塔和魔幻噴泉前進行一個拍照打卡的動作外，還去了仍保有鬥牛場外觀結構、如今已因禁止鬥牛而被改建成的Arenas購物中心逛逛，最後在傍晚時分至屋頂的露天平台欣賞完美夕陽。

看完聖火、鬥完牛，我們懷著興奮之情搭乘地鐵三號線，不出二十分鐘即抵達Palau Reial站，一出車站就看到遠遠場燈閃亮，跟著大批球迷走到球場，映入眼簾的就是所有巴塞隆納隊球星的巨幅海報，以及牆上球隊過去的豐功偉業印記。入場後，當然還有去超大的商品旗艦店狂刷，入手紀念品！

能踏入球場已感到幸運無比，想不到好運接二連三。當時如日中天的看板球星梅西（Lionel Messi），已經連三場比賽沒進球，因此當他腳一接到球，觀眾就開始發出噓聲。為平息球迷和自己的怒氣，梅西拿弱隊開刀，開賽第十三分鐘就單刀盤球過場，帶球一路衝過守門員輕鬆進球，讓屁股還沒坐熱的我們，立刻能親眼見證世界足球先生[1]的威力。

我們興奮地跳起來，跟著全場十萬名球迷的動作，一邊低音喊著「梅～西～、梅～西～」，一邊舉起雙手朝拜。剛剛和大家一起坐下，還在想等等要怎麼發臉書炫耀文時，梅西又進球了！根本是在看棒球 back-to-back 全壘打[2]的感覺，已經確定要這麼發文的同時，第三顆球再度不顧守門員的崩潰瘋狂入網，我們居然在上半場就看到梅西完成足球賽事中難得一見的帽子戲法。

下半場，梅西隊友們繼續凌遲對手，二十歲年輕小將伊薩克，踢進他生涯的首顆進球。最後傷停時間第九十一分鐘時，「巴西香蕉」[3]丹尼爾（Daniel Alves）再踢進第五顆球。終場巴塞隆納隊以接近棒球比賽的比數5：0完封馬約卡。

我們的好運並沒有就此結束。

雖然保安人員很有經驗地引導近十萬名觀眾離場，我仍然沒有失去戒心，畢竟滿是有錢有閒來看球的觀光客，正是偷兒們最好下手之時。我一邊跟著人潮走向地鐵，一邊緊抓著口袋中的手機和錢包，但我竟忘了提醒老公要小心扒手。

老公口沫橫飛地回顧剛剛那五顆進球的場景，對身旁人士完全沒有警戒心，進入地鐵站時，他突然被幾個光頭皮衣男擋住去路，腦中依然沒有響起警報。就在我們擠上車廂時，月台邊一名光頭男子拿著一個黑色皮夾，朝著老公兇狠狠地唸著西文，我以為是遇到足球流氓，沒想到老公卻呆呆地接過光頭男遞給他的皮夾，就在那瞬間車門也同時關上，光頭男就這樣目送著我們離去。

那是老公的皮夾！

有鑑於西班牙小偷的傳奇定位，光頭男能在老公渾然不覺的情況下扒走他的皮夾不離奇，但離奇的是他為什麼要將皮夾原封不動還回來？不但信用卡、證件全都在，連僅剩的二十歐元也懶得拿走。

於是我為這難解之謎，編出這篇故事〈五歐元的足球夢〉，給自己一個合理的解釋，紀念我們的幸運，並向光頭男致敬，感謝他的憐憫，也希望他自此收山。

來巴塞隆納旅行時若不像我們如此好狗運，又不幸不是賽事期間，仍然大推到球場參觀。球場博物館有巴塞隆納隊輝煌歷史和收藏，去平時看球賽時不能到的地方，在模擬廣播介紹球員出場和觀眾歡呼聲的電視牆中，走進球場踏上地表最強足球大草皮，相信這行程也絕對不輸遍布巴塞隆納的高第作品。最後還是要再次叮嚀，務必注意隨身錢財，不要挑戰西班牙小偷的功力。

注

1 梅西是國際足總 FIFA 停辦二〇〇九年世界足球先生的最後一屆得主，與金球獎合併舉辦後，梅西又於二〇一〇年到二〇一二年完成四連霸，並於二〇一五年再享此殊榮。

2 連續兩位上場的球員都擊出全壘打。

3 巴西非裔球員丹尼爾曾在一場比賽開角球時，被有種族歧視的球迷丟香蕉，沒想到他不但不介意，還把香蕉撿起來吃掉再開球。之後世界各地球星、新聞主播，都紛紛拍下自己吃香蕉的照片表達支持。

巴斯克獨立建國

用畢爾包競技隊記憶畢爾包

二〇三八年一月二十日，西班牙共和國巴斯克自治區的畢爾包市與台灣的桃園市，正式締結姊妹市。這兩個城市友好結盟的幕後推手，是兩位大學時期的姊妹淘——台灣人馬鈴薯與安安。這一天，也是十年後巴斯克能順利獨立建國的開端。讀廣告系的兩人還有另六位同窗在其中各自扮演要角，她們日後被巴斯克人民取名為：巴獨台友八朵花。

歷史要從馬鈴薯說起。

四肢纖細身形圓滾，活像四根竹籤插在一顆橢圓馬鈴薯上的馬鈴薯人。為擺脫這跟了她十幾年的綽號，馬鈴薯積極學習瑜伽，雕塑身材。後來學出興趣，深入印度進修，因而結識了來自西班牙畢爾包、熱愛東方文化的瑜伽老師的烏奈。他對馬鈴薯一見傾心，積極追求，兩人隨即閃婚，定居畢爾包。

求學之路成績普通，唯獨書法比賽總是第一名的馬鈴薯，寫得一手漂亮的毛筆字。來到人生地不熟的畢爾包，務實的她在努力適應新婚生活和學習西文的同時，也憂心著將來要如何在此謀生，沒想到書法為她開出了一條路。歐洲人喜愛將神祕美麗的中文字刺在身上，烏奈的朋友們會來找馬鈴薯寫下自己名字的中譯字，拿去刺青店請師傅照刺。

當時中國的「一帶一路」讓歐洲開始瘋賺人民幣，因而掀起一股學中文風潮，馬鈴薯躬逢其盛，成為中文老師。過去的刺青人脈，為她快速建立起客源，更沒想到的是，這份工作讓馬鈴薯意外成為巴斯克埃塔組織（Euskadi ta Askatasuna，簡稱ETA）的一員。

兩人初識時，烏奈就向馬鈴薯表明自己不喜歡被稱為西班牙人，要叫他巴斯克人，身為台灣人的馬鈴薯自然秒懂。巴斯克是西班牙共和國的自治區，有自己的種族與語言，巴斯克語與西班牙語、拉丁語系毫無關聯，甚至不屬印歐語系。民族文化也和西班牙很不相同，長期自治不歸西班牙政府管，獨立意識很強。只是後來西班牙移民愈來愈多，西文又是官方語言，被同化的年輕一輩已經沒有革命動力，但巴斯克人還是很以巴斯克為榮。

馬鈴薯之所以在過去為求獨立而成立的埃塔瀕臨解散之際，加入了這個地下反抗組織，全是因為中文教學。她有個學生是組織領袖班吉的孫女渥菲，某日，渥菲向阿公抱怨中文好難，因為老師堅持教寫繁體字，並用注音符號教中文，跟其他同學學的中文不一樣。這引起了班吉注意，認真了解後，才知道遙遠的東方有一個地方名叫台灣，處境竟和巴斯克如此相近。他對於馬鈴薯的堅持深深感動，於是邀請她來家中餐敘。

堅持教注音和繁體字的馬鈴薯，在業界成了名師，這要歸功於她兩位大學室友好力和小花。

在學生時期就已經在製作公司打工的好力，畢業後自己出來開的吉米魚影像工作室，是廣告名導的御用後期製作公司。而天生擁有美妙娃娃音的小花，則是將自己的天分和所學結合，擔任廣告配音員的工作。

好力將馬鈴薯構思的中文教材影像化，小花負責配音。也喜歡畫插畫的小花，更進一步推出影音繪本，成為歐洲補教界最受歡迎的中文教材。當初只是抱著好玩的心態，利用工作之餘幫幫好姊妹，最後居然光是授權金就遠遠超過她們的本業。但讓她們最有成就感的不是金錢，而是她們讓歐洲人大量從拼音和簡體中文，轉而學習使用注音和繁體中文字。

馬鈴薯不畏市場需求的堅持，起初先是被一群理解中國和台灣差異的特殊家長認同，後來才有機會再靠著獨創的影音教材翻轉成主流。巧合的是，那群家長大多是埃塔組織的重要成員或金主，還有一些刺青師傅是埃塔革命軍。這些人純粹是傾慕中華文化而送子女學習中文，目的和想賺人民幣的人不盡相同。

他們因領袖和馬鈴薯交好，重新連結並開始積極聚會，深刻體認到要消滅一個民族最快的方式就是消滅母語。感慨現在的孩子都不太說巴斯克語了，民族認同自然薄弱，唯有捍衛母語，才能重建獨立意識。

埃塔開始改變組織方針，積極在政、商、教育各界深耕巴斯克文化。更有組織成員被推上畢爾包市長的位子，直接在各項政策上推動母語。馬鈴薯也請好力和小花一同協助組織內的青年軍打空戰，和網紅結合，在社群中操作各種懶人包和趣味迷因圖、影片，讓巴斯克歷史以輕鬆的方式，重新被年輕世代認識，民族情感再度被燃起。

對內宣傳成功，對外也要尋求國際支持。知道巴斯克自治區與西班牙之間關係的國家並不多，馬鈴薯的另兩位姊妹正好派上用場。

在校就成績優異的安柏和瀞，廣告系畢業就順其自然進入廣告界，一入行就在台灣最知名的美奧廣告公司工作。安柏做創意，瀞則到業務部門。才華洋溢的安柏從小文案一路做到亞洲區執行創意總監；擁有超強企劃能力的瀞，離開廣告圈，轉做台灣首席設計師4A貓的經紀人，擔任設計師與品牌合作的橋梁。

4A貓最為人敬佩的不只是設計能力，而是他對創意自由的堅持，不會為了賺人民幣而不敢為台灣發聲。某年學運期間，安柏、瀞與4A貓三人發起群眾募資，集結民間力量將台灣議題登上外媒，日後又攜手用創意和美學，利用各種全球關注的事務上，提升台灣的國際能見度。

安柏和瀞也受馬鈴薯之邀，將豐富經驗分享給埃塔組織，指導巴斯克做大外宣，為獨立之路鋪路。台灣和巴斯克的民間因此成了彼此最好的盟友，但在國際間卻沒有正式的官方情誼，實在有點可惜。這個時候，在台灣公部門任職的安安，成了最好的管道。

安安是個超級運動迷，但和熱愛瑜伽的馬鈴薯不同，她只愛看別人運動。從高中到出社會，從國內一路看到國外，她充分把愛看運動比賽這件事，融入到人生中。寫了兩本和運動有關的旅遊書還不夠，年過四十再進入研究所攻讀運動管理。因為論文題目主要是研究職業運動與城市觀光，進而認識結合運動與城市行銷有成的桃園市高層，被延攬成為全台第一位沒有公職經驗，或運動員背景的體育局長。

當時國球棒球已在桃園開花結果，市長想再推動第二個行銷城市的運動，安安努力說服市長，足球是全世界最多人看的運動賽事，比起部分國家才盛行的棒球，更有利於讓城市在國際被看見。桃園身為國門，人口又持續正成長，實在最應該當台灣發展足球的先行者。

一如過往運動品牌炒作自行車和跑步這兩項運動風行的方法，安安趁著世界盃熱潮，積極與企業合力承辦各種活動，製造足球流行氛圍，促使運動產業和政府雙贏；還在中小學成立足球聯盟，從教育扎根，這個非常適合孩子放電、遠離3C的運動，深獲家長們的喜愛。時常在平日晚間和假日，看到小孩在大樓公共區域和公園踢球的身影，宛如歐洲和南美才會有的景象，簡直是全市瘋足球。

安安最後順勢成功推動桃園與畢爾包締結姊妹市。除了政經文化交流，最重要的就是讓畢爾包輸入足球技術，在桃園成立足球學校。

那畢爾包需要交換什麼呢？

巴斯克是西班牙最重要的工業區，經濟實力一直領先全國。其中，畢爾包是著名的鋼鐵城，連動發展造船、火車、機械等工業，還是西班牙最大的海港，對外貿易蓬勃。這些優沃條件壯大了金融產業，畢爾包銀行是西班牙最大的銀行。畢爾包的富庶也提升了文化水平，擁有聞名國際的古根漢美術館，市內各項建設也都是由世界知名建築設計師打造。

在西班牙這個足球強國中，畢爾包競技隊也是能和巴塞隆納隊與皇家馬德里隊抗衡的西甲強隊，最厲害的是，他們為堅持維護巴斯克精神，不使用外籍球員，完全靠巴斯克人踢天下。巴斯克完全是一個不需要倚靠西班牙即可獨立運作的國家，但他們也察覺到了全球趨勢的變動，為了讓自己更完備，台灣便是提升巴斯克實力的最佳戰友。

首先是科技產業，台灣擁有超強的半導體技術，尤其是台晶電的先進製程更是讓眾國際廠牌看不到車尾燈。想在數位時代立足，科技能力是巴斯克必須急起直追的重點，而台灣絕對是最棒的老師。

二〇二〇年全球經歷了一場世紀瘟疫浩劫，每個人都知道掌握疫苗就能掌控世界。西班牙並未在西班牙流感中習得教訓，這場肺炎再度在百年後奪走了數以萬計的人命，巴斯克深知即使有很棒的經濟能力，沒有健康就什麼都沒有，而醫療生技人才也是他們缺乏的。

科技與醫藥這兩項要件，由馬鈴薯最後登場的兩位姊妹淘阿妹與珍妮補上。

讀書時整天混夜店的阿妹，畢業後自知沒能力進入廣告界，選擇去科技產業當業務，靠著三寸不爛之舌和夜店練出的酒膽，一路爬到了台晶電歐亞業務資深副總的位置。而專科讀護校、插大念廣告的珍妮，擁有獨特的醫療行銷雙專業。俏護士珍妮畢業後進入藥廠圈的行銷部門，因著無人能及的雙重能力，做到知名藥廠諾台的執行副總裁。

在兩大企業都頗具分量的阿妹和珍妮，主導公司在畢爾包設廠與技術交流，以畢爾包做為進入歐洲的起點，用台灣技術能力將長期被中國綁架的歐洲各國爭取過來，幫助巴斯克的同時其實也是在幫助台灣。

馬鈴薯與姊妹淘各司其職，十幾年來協助埃塔組織，將巴斯克獨立聲浪一波波帶起，最後在畢爾包競技隊奪下隊史首座歐冠盃後達到最高潮。

過往西甲永遠是皇馬與巴薩隊能踢進歐冠盃，這一年，畢爾包破天荒擊退皇馬，而且將這股氣勢奇蹟似地一路延續到了冠軍戰。那場比賽下著大雨，雙方戰成1：1平手，畢爾包競技隊明星球員烏奈（對，與馬鈴薯先生同名）在最後傷停時間，從對手空隙間竄出，大腳甩出一道水線，將球射進球門，擊敗擁有世界足球先生的拜仁慕尼黑隊。

隊友們衝向他瘋狂擁抱，在雨中，這群男兒們含著淚水搭肩跳舞，激動地迎接勝利。此時，隊長突然喊出一聲「巴斯克獨立！」接著，全隊和場中數萬名觀眾一起同聲吶喊：「巴斯克獨立！巴斯克獨立！巴斯克獨立！」西班牙後來再也止不住這股獨立浪潮，和平接受巴斯克全民公投的結果，讓巴斯克宣布獨立建國。

那場歐冠盃冠軍賽，在畢爾包姐妹市台灣國桃園市足球學校架設的轉播螢幕前，安安和另外六個姊妹也熱淚盈眶地與馬鈴薯視訊連線，滿心期待兩國建交的那一天。

今夜，我們都是巴斯克人

會認識巴斯克，是因為大學姊妹淘馬鈴薯的異國婚姻。馬鈴薯的先生烏奈來自西班牙巴斯克自治區的畢爾包（Bilbao），第一次和他碰面時，得知他是個超級足球迷，立刻興奮恭喜他西班牙獲得世界盃冠軍，沒想到他給我一個尷尬而不失禮的微笑，只特別強調隊中哪位球員是巴斯克人。後來我才明白巴斯克與西班牙的愛恨情仇，難怪他很理解台灣和中國的關係。

烏奈因此很輕易通過我們七位台派姊妹淘的資格審查，認可他是馬鈴薯值得交往的對象，但是當馬鈴薯真的要為愛飛往畢爾包定居時，我們幾位姊妹免不了憂心。學廣告出身且想像力十足的我們，沙盤推演各種可能狀況，甚至推測烏奈是不是為了要完成革命大業，而來台尋求盟友，如果巴斯克獨立成功，馬鈴薯將成為國母！如今馬鈴薯已經在畢爾包成為教中文的名師，但我們仍改不了口稱她一聲國母，於是將我們的期許寫成本篇故事〈巴斯克獨立建國〉。

我和老公當初要規劃三度蜜月的歐洲行，畢爾包成為我們必訪之地，看場畢爾包競技隊的球賽，想當然耳是此行的重點。

畢爾包競技隊是西班牙甲級足球聯賽創始

會員，實力堅強，最值得一提的是，他們是西甲中，唯一堅持全員皆巴斯克人、不請西班牙其他省分和外籍球員的球隊，這在一支職業球隊來說非常特別，可想見巴斯克民族有多團結。不過馬鈴薯說，現在新世代年輕人因為都授西文教育，獨立意識也隨著巴斯克母語的流逝而漸漸消失，這現象是不是與我們很相似呢？

分享在畢爾包看球的經驗前，要先說明一個文化差異。西班牙人的作息很奇妙，和台灣差不多，通常都定在九點半上班，但是午休時間非常長，大概到四點半才結束，然後再回來上班到晚上八點。下班時間晚，晚餐時間大概八、九點才開始，因此平日的足球賽事是晚上十點開踢，回到家都過午夜了。

可能因為作息關係，這裡的人是以看球前的「暖身」取代看完球的「續攤」。也就是看球前大家會先去喝一杯，而且是喝很多的一杯。概念有點像是日本人下班後去不同間餐廳、居酒屋或小吃攤，一攤一攤地續喝下去。

我們入境隨俗跟著烏奈的腳步，「暖身」從傍晚就開始。首站來到好酒吧聚集地的古城區，第一間先圍站在一張小桌前小喝一杯，烏奈不讓我們聊天，立刻帶我們往下一間，途中想逛個小店都不被允許，悠閒觀光是白天該做的事，現在是執行賽前暖身活動時間。我們被像羊群般趕進第三間後，才終於能坐久一點，因為這間要享用知名的下酒菜。

西班牙最著名的Tapas下酒菜，巴斯克人稱之為Pintxos。巴斯克語Pintxo，是「叉」東西的意思，這裡的下酒菜是將食材叉入木籤固定並放在麵包上的形式，不像Tapas那種一疊疊小熱炒或醃漬菜，因此比較容易飽，最好每樣只叫一點大家分著吃。若是看到一間酒吧地上被丟棄的餐巾紙很多，別以為是酒吧衛生環境差，那可是代表客人覺得這間家酒吧的Pintxos最美味的認證，所以如果沒有當地人帶路不知如何挑選酒吧，那就觀察哪間地上的餐巾紙最多吧。

不知道真是巴斯克人的習慣，還是烏奈認為我們機會難得，旅程時間有限，希望在一夜就能喝到所有他最推薦的酒吧，最後我們共去了五間酒吧，最終站還必須在球場前完成。

昏頭轉向來到百年的聖馬梅斯球場（San Mamés）[1]廣場前，我才想起今晚的重點是看球賽啊。烏奈和他的好兄弟們在此碰面，第一次見面大家就給我們熱情的西式親吻擁抱，從他們臉頰紅潤度和身上的酒味，就知道各自都完成了八十％的暖身，大家再去商店買酒外帶，直接站在街上邊喝邊等入場，場面像是已經看完比賽、在場邊慶祝贏球，還在回味賽事遲遲不肯回家那般。

票口安檢人員一開門，大批紅白條紋人（競技隊主場球衣）便興奮湧入，雖然滿腹酒水情緒激昂，但仍是守規矩的，並不像足球流氓那樣會鬧事。烏奈和兄弟們都是年票球迷，擁有非常近距離的前排座位，球員簡直是1：1的比例在我們面前踢球，有可能被球打到的狀態，連聲音都聽得十分清楚。當天對手是實力相當的馬德里競技隊，非常精采。

賽前的「暖身」活動，讓我原本以為巴斯克人看球只是出門喝酒的藉口，沒想到他們非常認真觀賽，賽前已酒足飯飽，現場就是要專心看球，這也是我在歐洲看得最投入的一場足球賽。可能因為畢爾包競技隊對他們來說，不只是一支職業隊，而是巴斯克國家代表隊的地位，所以像在看世界盃那般激動。

賽事是在如台灣午後雷陣雨等級的大雨中進行，即使穿了全套雨衣仍全身濕透，但是足球賽事不會因雨延賽，球迷也是不離不棄。比賽一直到第六十七分鐘，才由畢爾包競技隊突破僵局，第一球破門入網後，我們就沒有再坐下來過，大家站成一排搭肩唱歌跳舞，球隊彷彿是歡迎來自台灣友人般，再接連踢進兩球，以3：0完美收場。

整場比賽我們跟著熱血沸騰，今夜，我們都是巴斯克人！無限期支持巴斯克獨立建國！

到西班牙旅行，如果買不起或買不到巴塞隆納隊和皇家馬德里隊的票，我個人非常非常推薦到畢爾包一遊。除了球賽精采熱血，觀光吸引力也不輸另兩大城市，整座城市乾淨美麗，景點集中方便，幾乎都是搭地鐵加步行可抵達的距離。

市中心充滿現代藝術，最知名的畢爾包古根漢美術館（Bilbao Guggenheim Museum），我覺得更勝紐約古根漢。美術館後方河道上的每座橋，都是各國知名建築師的作品。還有，畢爾包生活廣場（Alhondiga cultural and leisure centre）是由設計大師菲利普・史塔克（Philippe Starck）將酒廠改建設計的市民中心，挑高大廳內的四十三根大圓柱，每根都是造型迥異的藝術作品，空間裡的圖書館、泳池，甚至廁所、垃圾分類指示，都經過巧妙設計。地鐵站口、人行道，隨處可見裝置藝術。

畢爾包市內運河，有座被聯合國列入的世界文化遺產，全球首座纜車渡河橋——比斯開橋（Puente Vizcaya），平時用來連接河兩岸小鎮交通，船隻入港時兩端會直立升起讓其通過。它是由巴黎艾菲爾鐵塔設計師得意門生所設計，橋面顏色是艾菲爾鐵塔同樣塗料，非常美麗，推薦來此搭纜車在兩岸小鎮間散步。

這篇故事中關於巴斯克自治區的描述多是真的，她是西班牙經濟重鎮，在歐盟也具相當地位，這裡的文化資產、經濟實力和生活素質都具相當水準。只要巴斯克人有心，而且有盟友相助的話，獨立建國絕不無可能！

注

1 梅聖馬梅斯球場於一九一三年完工啟用，二〇一三年於百歲時正式退役，在對街重新蓋了全新球場。

北七情報家族

用道奇隊記憶洛杉磯

費歐娜

堪稱「名人磁鐵」的費歐娜，在美從事海運業務的工作。出身台灣的她，在公司主要負責亞洲線，她經常利用出差，順道回鄉探訪親友或安排旅行，並在旅途上頻繁地遇到各界名人。

費歐娜的妹妹喬安娜，是超級運動迷，但費歐娜對運動完全沒興趣，卻總是能見到球星，只要看到高大的黑人，或是被人簇擁的運動員，她就會拍照傳給喬安娜問是誰？譬如一次，費歐娜招待客戶去看道奇隊比賽時，就與喬安娜最愛的NBA球星科比・布萊恩在包廂樓層電梯裡撞個正著。更讓喬安娜嫉妒得要命的是，費歐娜的先生肖恩，就在道奇隊工作，因此費歐娜家裡，經常有被簽至道奇隊打球的台灣球星出沒。

費歐娜個性四海，交遊廣闊，工作上很受到客戶們喜愛，私生活也能結交到許多好友，她性格大剌剌，胸無大志不愛勾心鬥角，也不在乎他人眼光，興趣是追追韓劇，做做指甲，種種睫毛。

某晚，費歐娜帶狗兒子史努比出門上廁所，遇見新搬來的鄰居喬琳也出來遛狗。喬琳的狗兒子哈奇居然跟史努比一樣，是隻有米格魯花色，尾巴終端是一撮白毛的小短腿臘腸狗。兩隻狗如出一轍，只是顏色一黑一棕。更巧的是，喬琳和先生麥克，居然也都是台灣人！

同鄉又都是狗奴的兩家人快速建立起情誼，費歐娜和肖恩經常要出差，在家工作的麥克便成了到府餵史努比的最佳人選。

麥克表面上是ＩＴ工程師，但真實身分是ＣＩＡ探員。

麥克觀察了費歐娜幾年，發現她的工作性質、平常的交友圈都十分方便深入亞洲搜集情資。她的高中死黨，珍妮佛在國務院工作、姵姬在香港的金融中心；大學同學妮可在航空公司處理票務、辛蒂在銀行做資安管理；都是建立國際情勢，資金流向，人員進出的情報網。最重要的是費歐娜的人格特質，讓人能對她毫無戒心，充分信任。

麥克以照顧史努比做為交換，拜託費歐娜加入ＣＩＡ。麥克保證她的工作純粹是情資，不會像電影演的那樣要變身霹靂嬌娃，不會有什麼生命危險，只要藉出差和人脈盡可能收集情報就好。費歐娜也暗自希望，這份祕密收入能補償因網購而被騙錢的損失，才不會被節儉的老公責罵。

正好費歐娜的父親剛退休，吵著想見外孫女莎莉絲，費歐娜就趁勢把女兒送回台灣。跟肖恩說自己被外派到鳳凰城新分部半年，利用這段時間接受ＣＩＡ的密集訓練。

就這樣，費歐娜總是能踩著高跟鞋，咔啦咔啦地輕易走進重要人士的辦公室，藏好竊聽器；趁姊妹淘聚會喝醉後，藉她們的身分取得重要資訊；用水晶指甲敲打鍵盤，一手查情資，一手被詐騙，過著矛盾而快樂的日子。

肖恩

台灣出生的肖恩大學畢業後到丹佛攻讀ＭＢＡ，讀書之餘，最喜歡晚上和同學們叫披薩到租屋處，躲在地下室看金塊隊激戰。週末不是開車去看洛磯隊的比賽，就是跑去亞斯本滑雪。

肖恩曾為第一位站上大聯盟投手丘的台灣選手盧金輝，做過短期翻譯。研究所畢業後，正好當時道奇隊同時擁有三名來自台灣的選手，陳俊鋒、郭勇志和胡奇龍，球隊需要中文隨隊翻譯，因此曾有當小盧翻譯經驗的肖恩，很快就被錄取了。

後來幾年，道奇引進的台將銳減，需要翻譯的狀況斷斷續續。但大聯盟仍積極開發亞洲市場，因為肖恩有ＭＢＡ背景，球團讓他兼任行銷。主導許多如「台灣日」、海外開幕戰等宣傳活動。

肖恩第一次舉辦台灣日的贊助廠商「向明堂」，是費歐娜的長期客戶，她為了幫喬安娜要簽名而去參加活動，因而和肖恩相識相戀。

多年後，肖恩和被洛磯隊交易至道奇隊的小盧重逢，小盧某次因對加州複雜的高速公路不熟而發生車禍，處理那場車禍過程中，肖恩與香港裔的警官保羅結識，同樣來自亞洲的兩人一見如故，經常相約爬山、露營、滑雪，讓痛恨從事這些活動的妻子們，對先生間的情誼都心存感激。他們的女兒也在同年出生，肖恩的莎莉絲和保羅的瓦萊麗，也成為一起長大的姊妹淘。

當時，中國人藉由各種管道大舉移入人口到美國，尤其是華人很多的加州，因此間接影響到當地人民原有的生活權益，像是房市變高，或是占據工作機會等現象讓美國政府頗為頭痛。保羅在警界的優異表現和中粵美語流利的背景，讓他被FBI吸收，負責調查在加州的中國人。

關於商業犯罪的問題，保羅經常諮詢肖恩，更私下外包一些情報工作給他。這份兼差一直是肖恩和保羅的祕密，對於兩個行事向來循規道矩的乖乖牌，能把妻子們蒙在鼓裡，有種莫名的使壞快感。

客特

喬安娜的先生客特，是名廣告導演。

熱愛看推理小說的客特，現實生活中也會因緣際會，幫助台灣警察偵破一起跨國藥廠殺手案，和某財團總裁的綁票案，而在警界有了「導演偵探」的封號。

他高中同學姚姓檢察官的大學學長老顏，在國安局位居高層。姚檢和老顏某夜在居酒屋餐敘，得知姚檢居然認識大名鼎鼎的導演偵探，立刻請他安排會面，以一枝絕版鋼筆打動客特，將他延攬進國安局。

客特兩次助警辦案只是出於偶然，平時根本是一個記性很差、行事相當不謹慎的人，不明白國安局怎麼會視他為奇才，有種星爺電影的荒誕感。但是老顏掏出的那枝鋼筆，他找了很多年，對國安局也著實好奇，想說也許可以利用這個機會把所見所聞放入廣告腳本裡。

想不到上帝很眷顧台灣，客特總能不順利地順利完成國安局交付的任務，還能在這些過程中拍出好幾支市場好評的廣告影片。最讓客特得意的是——嚴謹的喬安娜從來沒發現他的身分。

莎莉絲、夏綠蒂與荷普

「什麼？連客特姨丈也是？」莎莉絲不可置信地問表妹荷普。

費歐娜和肯恩在莎莉絲八歲時，才又懷上小女兒夏綠蒂。夏綠蒂不只和姊姊年齡有差距，與同年出生的表姊荷普，還長得比較像雙胞胎。雖分隔美國台灣兩地，但一直維持緊密的感情。現在，她們正躲在莎莉絲的房間互擦指甲油。

兩人邊擦指甲油邊分享近況，荷普輕聲跟夏綠蒂說自己的爸爸客特，這次來美國是為了幫國安局做事。不太明白的夏綠蒂，立刻轉頭問曾在台灣學中文的姊姊什麼是國安局。

正在狂練K-pop最近火紅女團舞蹈的莎莉絲，驚訝地按下影片暫停鍵。

小時候媽媽要到鳳凰城工作，爸爸也經常出差，莎莉絲因此被送回台灣，由外公外婆照顧。直到爸爸轉入球團內部工作，媽媽又懷了夏綠蒂後，她才回到美國與爸媽團圓。

「爸爸為了套我話，說要用祕密交換，所以跟我說他在國安局工作。我根本不懂什麼是國安局，他解釋半天我還是不太清楚，反正他得到他要的答案，很滿意地離開。」荷普向莎莉絲說明。

「他要交換你什麼祕密？」

「他想知道我有沒有喜歡的男生。」

「果然是北七客特姨丈會幹的事啊～」

「姊姊你剛剛說『也是』是什麼意思？」

莎莉絲和夏綠蒂交換了一個眼神，妹妹對她猛點頭，莎莉絲才向荷普娓娓道來。

「有次我跟爸爸借電腦，看到保羅叔叔寄給他的信，因為我每年都會和瓦萊麗一起過生日，我以為他們在密謀生日驚喜，忍不住偷看。跟你一樣，其實我根本看不懂內容，但被爸爸發現後，說只要我不讓媽媽知道他在為FBI工作就饒過我，我才知道他在為FBI工作！真的是很北七！」

「爸爸不北七。」夏綠蒂為肖恩護航。「他不知道姊姊看不懂，媽媽才北七。」

夏綠蒂接著解釋：「我小時候洗完澡不是都要看一下卡通才睡覺嗎？有次媽媽放錯影片，要收回我手裡的平板電腦才發現她給我看的不是卡通，然後整個大失控把我搖醒，一直重覆說，『你絕對不能跟爸爸說…CIA…CIA…CIA…』我一句也聽不懂，只記得CIA！CIA！媽媽說不能跟爸爸說，但沒說不能跟姊姊說，我就跑去問姊姊什麼是CIA？雖然我現在也不是很明白啦！總之，我和姊姊都知道，爸媽各自有個不能讓對方知道的第二份工作。」夏綠蒂苦笑。

荷普開心對夏綠蒂大叫：「我也是想爸爸說不能跟媽媽說，但沒說不能跟你們說才說的耶，我們真的是雙胞胎耶！」

「金架係！」莎莉絲學韓文語氣嘆息，「明明我們家最可靠的人是喬安娜阿姨，為什麼這些情報單位會找上另外三個北七啦！」

「I don't know啊，you don't know～」荷普沒理會莎莉絲的喃喃自語，開心哼唱著她小時候的自創曲，從夏綠蒂手中接過一罐道奇藍指甲油。

入夜的道奇球場，微涼。喬安娜在滿場球迷鼓掌聲中，拆開塑膠包裝，把入場贈品冠軍紀念T拿出來披在身上。望著投完八局好球、被球迷歡送入休息室的柯正，她滿意地笑了。

「Guo！Guo！Guo！」球迷轉換歡呼對象。外號微笑郭的郭元文頂著招牌笑容從牛棚緩步跑向投手丘，登板救援。

自從全球商業活動都集中到中國後，美奧廣告公司創意總監喬安娜，就經常要到兩岸三地提案搶生意。熱愛工作的她不怕這種案子加倍、薪水持平的狀態，也從沒想過要和多數同事一樣，直接西進賺人民幣。喬安娜不覺得窩在台灣就是眼界小、不求進步、沒有國際觀，世界這麼大，為什麼只有中國算國際？

喬安娜是個運動迷。她很喜歡去她所認知的世界到處旅行，看遍各種類型的運動比賽，從運動文化的角度，比純觀光再深入一點認識一座城市，難道這不算國際觀？

這些想法，喬安娜的姊妹淘潔芮也很認同。潔芮在一間生技公司做總經理特助。某年，她的老闆吳總強烈懷疑在深圳分公司的重要幹部，竊取商業機密投靠當地的對手公司，卻苦無證據。而這間對手公司正好是喬安娜的客戶，所以她自告奮勇協助調查，結果真的被她找到關鍵證據。

喬安娜就這樣成了商業間諜。

數月前，喬安娜在一場飯局中無意間得知，自己在中國最大的客戶阿里布達集團，有收購美國道奇隊的計劃。客戶知道她是台灣人，還是個運動迷，幾杯黃湯下肚後，忍不住跟她嗆聲說：「我們中國什麼運動都厲害！瞧瞧我們有多少世界金牌，林來瘋也投靠我們CBA了，唯獨『棒球』這玩意兒，連你們小小台灣都打不過。不過沒關係，我們買下一支棒球隊總行了吧～而且要買就買最牛逼的，我們上美國買！」

台灣好不容易在十多年後，又有選手進入道奇隊，怎可以被中國人來管？想到自己超級喜歡的投手郭元文很可能被請走，十分擔憂的她決定好好利用自己的家人，阻止這場交易。

喬安娜一直知道老公在為國安局工作，客特在生活裡破綻百出，她實在很難睜一隻眼閉一隻眼，把自己雙眼戳瞎都很難不發現。姊姊、姊夫的祕密身分，也早從莎莉絲那裡得知。

喬安娜先是繪聲繪影向老公形容這場交易不單純，不懂棒球的中國人，沒事去買什麼球隊，說不定有什麼陰謀。光是跟神經大條的客特說不夠，她又再跟費歐娜透露，故意將這件事拉至國安層級，牽扯到資安、軍火、洗錢，甚至連道奇突然翻新百年球場，是為了在紅土下方發展核武的鬼話都說了。

喬安娜又再請肖恩幫她向道奇隊拿票，說要趁郭元文還沒被交易出去前，飛去看他打球。肖恩很驚訝喬安娜居然知道連自己都沒聽說的消息，不想在小姨子面前出糗，沒有多問，只想趕緊著手調查。

喬安娜認為，風聲提前走漏，台美雙方情報單位介入調查，幹盡壞事的阿里布達，總是有機會被查出什麼不法勾當，屆時輿論壓力會讓道奇球團重新審慎評估，使交易破局。

最後，跟喬安娜預想的腳本有些出入。北七一家真的有出力，但沒幫上什麼忙。雖然和美國國安無關，費歐娜還是交出一本阿里布達的違法報告；肖恩則是查到了道奇財務長的外遇，對象還是王牌捕手的老婆，還抓到長期靠賣票給黃牛賺學貸的小工程師。

真正阻擋交易的關鍵很簡單，就是阿里布達根本不想拿出道奇隊開的天價，買下經營權。

至於客特，他什麼都沒做，除了在出發前有帶正確且未過期的護照，喬安娜交待的事他都當耳邊風。不過沒關係，對喬安娜來說，郭元文會好好留在道奇隊，守護每場勝利就好。

喬安娜再披一件紀念T恤在腿上，笑看微笑郭投出拿手的七彩變化球。

不北七的家庭活動

美國的四大職業運動賽事，棒球MLB、籃球NBA、美式足球NFL、冰球NHL，加上新興的足球NSL，洛杉磯一共有十一支球隊分屬這五大聯盟。本篇故事首位登場人物——我的姊姊Fion就住在洛杉磯，讓我能享受探親兼看球的人生，真是太感謝上帝安排。

不過因此我從來沒住過洛杉磯的飯店，吃喝玩樂景點雖多集中於市中心，但多數居民都住在市郊，而這些地方有著截然不同的樣貌。洛杉磯是一個小小地球村，在市郊是各種國籍人士的集散地，以台灣人來說，在某些區域幾乎可以過著和家鄉一樣的日子，喝珍奶、吃鹹酥雞，享用台灣名店料理，揪朋友唱KTV都有洛城版，甚至不會說英文也能夠在這裡生活。尤其是吃，我們習慣的亞洲料理，不但豐富多樣甚至更勝原產地風味，像是韓式烤肉和越南河粉，都是得到韓國人和越南人認證優於家鄉的水準。

不想飛大老遠來過台灣生活，那麼就好好照旅遊達人的介紹遊玩。我能夠提供比較不同的行程，就是看上一場球賽，既觀光又接地氣，前後大約半天時間，就能擁有最當地的生活體驗。

美國的棒球文化比較像是一種娛樂活動，和看電影、表演、去公園野餐一般。親子是最大的族群，看棒球就是尋常的家庭日，除了如冠軍系列戰、世仇對決那種重要賽事，很少人會認真好好看完九局，球賽是與朋友社交、放電孩子的背景環境，如同在家裡看轉播，邊聽邊做自己的事，偶爾瞄一眼，喝喝啤酒、吃吃爆米花，與球迷同好說說幹話，和全場觀眾一起熱鬧一下。

有專屬郵遞區號90090的道奇體育場位於半山腰，是大聯盟現役第三老的球場，也是全美最大的棒球場，從最頂往下走將近有十層樓之高，可容納五萬多人。二〇二〇年為了主辦明星賽斥資改建後，我還沒機會去過，但根據官網介紹，新設立的前門外有二英畝的廣場，豎立多尊傳奇人物雕像，並設有美食區、商店、兒童遊戲區等等。外野看台改成三百六十度環狀，以電梯和橋梁連接全部觀眾席，讓球迷可以隨意走動。

可惜的是，二〇二〇年的明星賽因疫情取消，當時新球場還變成了疫苗接種站。不過道奇隊仍然在延至七月開打並縮短的賽季中拿下世界大賽冠軍，卻也因疫情關係並不是在道奇球場封王。無論如何，疫情過後還是值得來這個翻新的球場看看傳統強隊的賽事。

球場在山上的緣故，夏季看球涼爽，太陽下山後溫度陡降，最好帶件外套。另外，雖然球場離市中心只有十幾分鐘車程，但是著名的洛杉磯大塞車不是蓋的，停車加安檢進場也很耗時，還是盡早前往比較好。早到還有機會領到贈品，球隊常會在特殊主題日與贊助商合作發送限量紀念品，像是毛巾、T恤、棒球帽、球員搖頭公仔，品質和設計都還不錯。紀念品店也有許多好東西可買，早去也不用在賽後跟大批球迷搶購人氣商品。還有一項重要提醒，千萬要記好車停在哪裡，否則散場時又冷又累，要在近兩萬個停車位的廣場中找車子，相當悲淒。

以我的經驗來說，球場座位設計視野就很好，現在新的應該更棒，即使座位很遠看不清楚球賽也沒關係，大螢幕會有精采重播，而且如前所述，來球場的重點不是來看球，是來玩的。

道奇主場除了會舉辦一些主題日外，每週五比賽結束還會施放煙火。當攻守交替時球場會播放流行音樂，攝影機開始轉向拍攝球迷，大家爭相搶鏡頭打招呼，隨音樂節奏搖動身體，北七球迷會做出許多搞笑舉動，表現特別有趣的球迷會一直被重覆拍攝鼓舞，盡其所能地演出逗笑全場觀眾。六局結束時，一定要和全場球迷一起大合唱棒球國歌〈Take Me Out to the Ball Game〉，歌詞不難，看球前先記好比較有參與感。

我對吃相當在意，畢竟球賽總是三小時起跳，加上前前後後進退場時間，怎麼可以餓肚子？球場有賣各種美式食物，新球場應該有更多變化，可以買個著名的道奇熱狗來嚐嚐，不過個人覺得它不過就是台灣便利商店的大亨堡加長版，建議可以在出發前先買好食物帶去，在此推薦幾間方便攜帶又美味的美式食物。

最鄰近球場的Philippe the Original，它的沾汁牛肉三明治非常美味，會看到整間店聚集滿滿道奇球迷，也可以看看老闆珍貴的棒球收藏。再來就是加州知名的In-N-Out漢堡，林書豪曾為了它在推特上與其他NBA球星引發美國各州知名漢堡店的評價大戰；李安在得到奧斯卡最佳導演後，站在路邊一手拿小金人一手嗑的漢堡也是它。In-N-Out只有三種漢堡，漢堡、起士漢堡和雙層起士堡，它好吃的祕訣是加了以千島醬為基底的獨家醬料，而且現點現做，可以依各人喜好要求增加或減少配料，還有各分店的隱藏版菜單，可以先去官網查詢。另外必點的是「野獸風格」薯條（animal-style fries），用烤起司、炒洋蔥搭配特製醬汁淋在薯條上。

還有與基督徒無關的Church's教堂炸雞和基督徒開的Chick-fil-A。Church's炸雞厲害的是獨門醃醬，可以買不同口味嚐嚐，不過吃的時候要小心猛爆性肉汁噴射。Chick-fil-A在「牛群」眾多的速食業中，他們只賣雞不賣牛，以雞堡起家，但真正的強項是雞塊——嚴格來說強的是雞塊的七種沾醬，點一份很像台式去骨鹹酥雞尺寸的雞塊，七種沾醬全拿試試自己的喜好。要記得老闆是基督徒，所以週日、感恩節和聖誕節都不營業喔。

道奇隊可謂倡議種族平等的先行者，大聯盟首位黑人球員，傳奇四十二號傑克·羅賓森（Jack Robinson），就是在道奇隊改寫歷史的。洛杉磯亦為包容各國人種的城市，日韓球員實力強又有票房，道奇隊簽了許多來自亞洲的球員。台灣第一位登上大聯盟的陳金鋒就是效力道奇隊，後續也一直有不少台灣好手會在此打拚。

不知道新球場是否還存在右外野所規劃「This is my town」區域？過去每當舉辦各種族裔或團體特別日時，坐在此區的球迷會有特別的禮品，以及道奇熱狗、點心飲料免費吃到飽，過去也曾經有幾次「台灣日」活動，期待未來再有台灣球員加入道奇隊，那就更有值得一訪道奇球場的理由了。

如果到洛城時沒有賽事可看，還是能參觀球場，有專人導覽講述道奇球隊的歷史趣聞，場內的小博物館展示著冠軍獎盃、個人獎項獎座以及許多有紀念性的物品，還可以去坐坐球賽時不可能去到球員休息室、媒體區，最後再站上大聯盟球場！

若是貪心想在球賽上半天安排行程，建議可以先到中央市場（Grand Central Market）吃個早午餐，在幾間極具特色的建築物間拍拍網美照，如布萊德利大樓（Bradbury Building）、The Last Bookstore等，搭乘天使鐵路（Angels Flight Railway）上到市區，進入MOMA、華特迪士尼音樂廳（Walt Disney Concert Hall）、洛杉磯當代藝術新中心（The Broad Museum）展開文青之旅，再移動至中央車站，逛逛小東京、唐人街。

市區車位難尋，停車費也很貴，建議查好相關地理位置，評估喜好和腳程，停到定點後就靠雙腳移動。也可以去稍遠一點的好萊塢，走走星光大道找喜愛明星的星星，在中國戲院前對比自己和明星的手腳印，看看由街頭藝人扮演的發福版電影人物、假漫威英雄，最後到杜比戲院（Dolby Theatre）來場奧斯卡巡禮。

球賽結束如果還有力氣，北七家族私心情報，一定要去韓國城（Korea Town）吃比韓國當地還道地的韓國烤肉宵夜，為旅程劃下完美的句點。

東方神祕力量

用天使隊記憶洛杉磯

二〇二八年七月四日——安那罕天使球場中控室

資深維安總監查理盯著白板上三張照片，深吸一口氣，轉頭對同仁們說：「好了！我們已經演練了一個月，不會有問題的，現在各自再複述一次工作內容。」

安檢人員安迪和菲利普兩人以拳頭互擊，自信起身。

二〇二七年十二月——洛杉磯天使隊球團總經理辦公室

望著螢幕上的簡報內容，比爾・艾普樂好一陣子說不出話。

「比爾，我找到我們不會被開除的方法了。」早上球探總監傑夫衝進他的辦公室，劈頭說了這句話後，就在雲端主機中叫出簡報檔，開始滔滔不絕說明裡面怪力亂神的內容。

原以為傑夫又要跟他說在哪裡找到救世主了，是的，傑夫眼光獨到，當年他從台灣找來接替小谷翔平的投手余樂，是天使隊能拿到季後賽門票的重要人物，但是最後以三連亞收場，又是如此讓人難受。

如今余樂在最後一場比賽受傷，明年報銷，拜登老了且合約已滿，招牌球星奧特朗被挖去邪惡帝國，連年亞軍又得不到好的選秀權。球隊遲遲拿不到世界大賽的冠軍戒指，今年再度在七戰四勝最後一場比賽中被逆轉敗後，比爾就知道他可以捲鋪蓋走路了。

原本比爾根本不用煩惱這個問題，二〇二〇年底合約到期的他本來已談好未來出路，一場中國傳來的神祕病毒打亂所有球團的運作。對方提出暫停合約，於是比爾就先留下來把超短的詭異賽季打完再說。沒想到接下來兩年疫情仍持續，各球團都在大裁員，比爾主動為自己減薪續留。後來人類學習與病毒共存，大聯盟也漸漸恢復往日時光，而且，余樂還帶領著天使隊在近三年都打進世界大賽，比爾就再也沒有離開了。但這三年總是輸得離奇，戴不上冠軍戒指，別等老闆開口，他自己都失去鬥志寫好辭職信了。

「你知道余樂當時為什麼會在九局下遇襲，害我們不得不換救援投手而輸掉比賽嗎？」傑夫說的就是各大媒體和社群已經討論了快兩個月的事件——

今年的世界大賽第七戰，九局下半，天使3：0領先國民。余樂威風全場，投出無安打比賽，只有在五局時讓一人保送上壘。二出局後，余樂正準備解決第三位打者，眼看終於要擺脫背靠背亞軍了。

此時場外突然颳起一陣龍捲風，威力之大居然把數十哩外一隻乳牛捲進球場，不偏不倚落在投手丘上，然後立刻恢復一片平靜。簡直就像夾娃娃機那樣，有一股看不見的力量針對性地抓起牛丟向余樂。他當場倒地，全身多處骨折送醫急救。雖無危及生命，但本能伸出阻擋天外飛牛的雙手傷勢嚴重。

除了余樂外沒有人員傷亡，連乳牛也毫髮無傷被送回牧場，沒多久就恢復比賽，但天使氣勢和節奏整個被打亂，最後被再見滿貫。

比爾看著停車場的監視器畫面，一對夫妻在九局下半一路狂奔到球場外。傑夫說：「一切都說得通了！我猜，他們沒買到票，但覺得在場外感受氣氛、迎接勝利都好，他們一衝來，余樂就出事了，我合理懷疑他們是在那個保送發生時出門的。在加州住了四十五年，我從來沒看過龍捲風。去他的一次也沒有！」

這一切是傑夫去台灣找球員時的意外發現，負責翻譯的朋友傑基跟他聊到一些球迷間的都市傳說。傑基在台灣一個專聊美國大聯盟的播客節目社群中，認識一位棒球同好吉兒。吉兒每看台灣隊必輸，大幅領先的球隊只要她進場就會被逆轉；買好球票想看偶像鈴木次朗，次朗隨即宣布退休轉任球團特助；跟轉播大聯盟的主播和球評好友相約比賽結束後聚餐，那場就一定會打到延長賽，害他們無法參加飯局。吉兒逢賭必輸，所以傑基靠和她對賭賺了好多錢。

會在明尼蘇達攻讀碩士的吉兒，理當最喜歡雙城隊，且最討厭洋基隊。實力不差的雙城在季後賽跨季連續輸給洋基隊十三場，用純機率來看，是〇・五的十三次方。因為過去這些慘痛經歷，讓吉兒長達十年不敢再進場看球。

吉兒還有另一對更帶衰的朋友，但完全沒有自知之明，威脅到的不只棒球，夫妻連手出擊，衰事遍布全球運動賽事。

傑夫本來覺得當趣聞聽聽就好，但傑基拿起臉書一一滑給他看，他才不得不信邪：十年前，二〇一七年七月十二日，天使對水手。

當年天使剛從眾多強隊中，幸運爭取到百年奇才「二刀流」小谷翔平，小谷不負眾望，投打都表現得令人驚奇；同年，傳奇球星鈴木次郎也回到西雅圖，打算在水手隊打到退休，這場比賽原本會是兩位日本前後期球星的精采對陣。

傑夫當然還記得那場比賽。他驚訝地看著夫妻檔在臉書上自嘲寫下的內容：「一買好機票和球票，小谷就受傷，次郎也提前宣布退休（哭哭表情符號）。」

即使如此，夫妻檔還是飛來看球了，因為小谷受傷後，雖不能投球仍可上場打擊，連續全壘打轟得嚇嚇叫，而且比賽當天還會贈送球團特製的小谷二刀流搖頭公仔。結果小谷在賽前卻突然被排休，次朗也沒隨隊飛往洛杉磯。那場比賽吉兒也在現場，她在臉書上宣布再也不敢進場看球了——在那之後，她信守諾言，沒再看過一場比賽。

「二〇一九年這對夫妻在東京奧運官網完成註冊，全球就爆發世紀疫情，不但害東奧被迫延一年，全球運動賽事包含我們大聯盟都延賽或取消。二〇二一年東奧閉門打，以至於那對夫妻無法參加，總算平安落幕。

「二〇二三年他們買好溫布頓的球票，球王喬可費得就宣布退休。

「二〇二四年義甲發生重大舞弊事件，他們人在羅馬！

「二〇二五年他們又來到美國，雖然是去紐約看美網，但那年我們就是在大都會輸掉世界大賽的！

「二〇二六年他們還有臉來洛杉磯看世界盃！那場比賽德國被爆冷淘汰，那位太太穿著德國球衣弄個哭臉，我看了都想吐。也不必提醒你，這年我們又輸了世界大賽。

「這對不要臉的夫妻把這些經歷全寫在臉書上，說什麼自己超熱愛運動，愈挫愈勇。沒聽過當年他們國家防疫指揮官那轟動全球的名言：『愛得愈深，距離就要愈遠』嗎？」

傑夫一口氣簡報完畢，然後播放他從台灣回來後，和維安總監查理一起在球場監視畫面看到的驚人發現。

看完影片和傑夫整理的神祕夫妻足跡遍布全球圖表，比爾半天說不出話。傑夫把手機那隻飛天乳牛做成的一張迷因圖拿給他看：「你想想，明年我們有什麼？」

乳牛在洛杉磯首位台灣裔市長手上的聖火中旋轉，標題是：「余，想吃烤全牛嗎？」

比爾雙手抱頭擠出第一句話：「上帝啊！是洛杉磯奧運！」

二〇二八年七月四日——安那罕天使球場入場安檢處

安檢人員安迪手心冒汗，他把瑞士小刀偷偷藏在手裡。吉兒和那對夫妻朝自己走來。

安迪接過吉兒的包包，作勢翻找一下，從手心拿出小刀。吉兒瞪大眼看著他，連忙搖頭說：「這不是我的！」安迪不理會他，已等在旁的兩名同事立刻把吉兒架走，吉兒不顧旁人眼光，驚慌大喊：「那不是我的！那不是我的！不然你們沒收好不好……。」

已經進場的那對夫妻聞聲而來想了解狀況，同事們加速腳步將吉兒架走，只見吉兒用中文向那對夫妻喊話，夫妻倆才決定放棄轉身入場。安迪死瞪著負責檢查夫妻的菲利普，菲利普急忙解釋：「他們什麼包包都沒帶，我一時傻了，找不到機會，那女的又大呼小叫的，就被他們趁亂入場了。」

安迪立刻拿起對講機：「解決A，但B、C入場了，請相關人員執行PLAN B。」

待夫妻檔入座，扮演觀眾的保羅和克莉絲丁雙手拿著四大杯啤酒上前，克莉絲丁輕聲向那位太太借過，然後就和保羅以極不自然的姿勢假摔，將手中啤酒全數倒在夫妻檔身上。

兩人一邊連忙道歉，一邊各自扶夫妻檔進男、女廁。想不到，那先生完全不以為意，反而開心跟保羅說：「別擔心！褲子濕了正好！剛剛我想去商店買球衣被老婆阻止，現在可以明正言順去買整套余樂球衣回家了。你知道余樂和你們市長都是台灣人嗎？我也來自台灣喲！」

克莉絲丁走出女廁，目送那對夫妻離開，對保羅翻了個白眼說：「那女的說她老公一定會帶她去買全套球衣，她也想去買隻天使隊的逆轉猴（rally monkey），送給剛剛不能進場的朋友。我早跟查理說過PLAN B爛透了！」

漫長九局下來，查理所率領的維安團隊從PLAN C到G全都被這股東方神祕力量化解……直到他們再也想不出PLAN H了。但天使隊居然在六局逆轉0：7的劣勢，最後以8：7擊敗雙城隊。沒有發生怪奇事件，也沒有任何球員受傷。

毫不知情的球迷們高舉逆轉猴，歡欣地走進球場，站在草皮上互相拿起手機拍照留念，等待賽後施放的國慶煙火。比爾站在包廂裡，看著中外野造景火山噴射出的燦爛煙火，欣慰地對傑夫說：「我想今晚不是逆轉猴發威，就是天使隊有天使眷顧。」

比爾繼續，「當初我堅持不可以用極端的手段阻擋他們來看球，現在看來是對的。上帝憐憫我們還有良心……」

「不，」傑夫打斷比爾，「是負負得正奏效了。」

「當時我很好奇吉兒被架走時，向那對夫妻說了什麼？」傑夫說。「於是我請查理調出監視器，找來懂中文的隨隊記者亞當翻譯。」

傑夫用他那雙球探的犀利眼神看著比爾，「她說：『沒關係，你們不要管我，至少我確定，這場雙城隊一定會贏！』」

「所以我想，弄走吉兒根本是個錯誤，尤其是那對夫妻讓我們節節敗退時，我趕快請查理去找還在停車場等先生來接的吉兒，跟她說抱歉是誤會一場，並邀請她進包廂看球。幸好那兩位維安人員很盡責，一直守在吉兒身旁，你要讓查理給他們加薪啊！」傑夫笑著說。

比爾驚嘆地回應：「你真是太厲害了！但是傑夫，我不懂，不是那對夫妻威力比較強大嗎？」

「當初你的翻譯朋友傑基通知我們，說那對夫妻打算在奧運開始前，選在國慶日來天使隊看比賽，所以我們鎖住購票系統，讓他們無法買票。沒想到吉兒的老公居然是余樂的大學教練，余樂得知恩師要來洛杉磯探望他，就送了他公關票，但吉兒老公一輩子都與棒球在一起，從不願在度假時還要看球賽，就把票轉送給那對夫妻。」比爾和傑夫提出他的困惑。

傑夫苦笑著說：「是啊！他們走狗屎運就算了，還說服已經十年不曾進場的吉兒一同前往，說什麼難得是她最愛的雙城隊，而且還有他們夫妻在場可以『負負得正』。我就是覺得這說法還挺有道理，才把吉兒抓回來，讓神祕力量相互抵消。天使和雙城是靠自己的力量在對抗。」

「也就是說，我們的實力在雙城之上。」傑夫得意地說。

「而且我想今年十月，他們三人應該不至於再飛來美國一趟吧。」傑夫舉起手中啤酒，與比爾敲杯：「世界大賽冠軍終於會是我們的了！」

當時沉醉在冠軍美夢的比爾和傑夫還不知道，兩週後開幕的洛杉磯奧運，將會發生什麼事……

東方神經夫妻

婚前我常去洛杉磯看Kobe，但是婚後比較常選在夏季造訪，不是NBA賽季。二〇一四年底，從沒去現場看過NBA的老公說，他再不看Kobe，Kobe就要退休了，對戰組合又是他也很喜歡的勇士隊，於是我頂著近八個月的身孕，飛往洛杉磯陪他如願。我那超級大方的姊姊，送妹夫和未來外甥女盧願一份大禮——這場比賽是聖誕大戰，她居然買了貴到翻天的一樓籃板後方座位，讓我們好好把Kobe看個仔細。

出發前Kobe受傷了，但不是太嚴重，隨時可能復賽，比賽前晚我和老公掛保證，Kobe以前就算受傷也會穿西裝坐場邊。這場可是聖誕大戰，今天復賽的機會很高，而且他從不辜負球迷！

結果，Kobe連球場都沒來。

我可是看過無數場Kobe的比賽，何況我是好孕婦人，不可能是我帶衰。後來老公全心支持勇士隊，但兩次我們去美國，兩次勇士都輸掉冠軍戰，一次不能二連霸，一次不能三連霸，而且隊上主將KD（Kevin Durant）和湯神（Klay Thompson）都受傷。KD之後轉隊，湯神整季報銷。

二〇一七年，我們去天使隊看剛簽約的日

本球星大谷翔平，而且特別選在大谷日，還正好對上回歸西雅圖水手隊的球星鈴木一朗。

結果，我們一買好球票和機票，大谷就受傷、一朗也宣布退休。

二〇一九年暑假再訪洛杉磯，老公先飛回台灣工作，我一人挑戰天使球場，大谷翔平不但現身，還送我開季第十轟，更幸運地看到當時在運動家隊的王維中登板救援——再度證明帶衰的絕不是我，但我的命運總和老公綁在一起。

我們夫妻對於二〇二〇年到底要看東奧呢？還是再飛洛杉磯？或是來個久違的歐洲之旅，看個足球或是溫布頓？遲遲下不了決心，但幸或不幸，Covid-19終結了我們的三心二意，什麼比賽都沒得看。

幸好我找到破解方法了，我想到球迷好友吉兒也是盞大「冥」燈，聯手出擊或許可以負負得正！二〇二八年洛杉磯奧運，我會邀請她一起在開幕前看場天使隊賽事，而且要選在七月四日。

大聯盟週間賽事通常在晚間七點開打，但美國國慶日這天會提早至六點，原因是賽後球場會施放國慶煙火。不知道其他球場是否也有煙火秀，但我只有在這看煙火的經驗，而且我認為安那罕球場（Anaheim Stadium）的景觀特別有感。

安那罕球場中左外野區域有一個名為「加州奇景」的假山假水造景，淺黃色的岩石堆中有水柱噴出，前方空間是投手練球的牛棚，天使球員打全壘打時還會放煙火。我心目中的加州景色應該是棕櫚樹或海灘，至今仍很納悶建立此景用意為何，不過也因這個造景，這裡的煙火多了點迪士尼式的奇幻。最棒的是可以走進球場，或站或坐在大聯盟的草皮上，欣賞從加州奇景中噴出的各式花火。

旅程若是無法那麼精準選到國慶進場看球也沒關係，和道奇隊一樣，天使隊每週六晚上都有煙火秀，週日則會舉行親子活動、演唱會或電影趴，都是能在賽後踏上球場草皮的額外活動。每場主場的紀念品都非常棒，那場沒有大谷翔平出賽的大谷日，我們東方神經夫妻還是有得到二刀流公仔。不知道是不是橘郡有許多日本移民的關係，養樂多是天使隊長期合作的贊助夥伴，所以時常舉行養樂多日，有免費的養樂多可以領（這裡的養樂多尺寸比台灣的小，但是多少可以幫助消化一下油膩的美式食物）。總之會發什麼贈品和舉行什麼特別日，天使隊官網都查得到，可以選擇自己最想參加的賽事。

嚴格說來洛杉磯天使隊並不在洛杉磯，而是在洛杉磯南方橘郡的安那罕市。從洛杉磯市中心順著57號公路往南開，不塞車（但不太可能）的情況下大約是四十五分鐘到一小時的車程，只要在高速公路旁看到天使隊標誌：一座巨型的紅色大A頂尖圈著天使光環，就表示你抵達安那罕天使球場了；若沒租車，也可搭火車。安那罕市最知名的景點，就是全世界最快樂的地方——全球首座迪士尼樂園。如果是為了迪士尼而去洛杉磯玩，住在附近的飯店的話，搭Uber就能到球場。整體而言，交通比去道奇球場更方便。

也許是因為球隊曾由迪士尼經營，安那罕天使球場的外觀設計很童趣，從空中鳥瞰，球場入口處地面有一個大本壘板，兩側有兩個超大球帽和六枝巨型球棒，就像是給天使降臨玩棒球時用。天使隊贏球，當天大A上的天使光環就會發亮，向天空呼應。進場看球前，可以在球場外找這些景點借位拍照。

臨近的購物中心South Coast Plaza，由於稅比LA低，同樣品牌到這裡會便宜一點，買高單價的物品價差不少。看球賽前先來這血拼，再吃一頓早一點的晚餐，這個有許多知名大餐廳，包含台灣來的鼎泰豐喔。

天使隊沒有吉祥物，球隊最具代表性的也不是迪士尼卡通人物或是小天使，而是一隻猴子。二〇〇一年某場遇上強敵舊金山巨人隊比賽時，換投手的空檔，大螢幕播放電影《王牌威龍》（*Ace Ventura*）一隻猴子上下跳的北七片段，原本落後的天使隊突然急起直追最終逆轉勝。隔年世界大賽再度遇到巨人隊，天使隊在只剩八個出局數之下，再度祭出逆轉猴影片，居然真的又從0：5的絕對劣勢中，一路打成6：5贏得比賽，最後還拿下隊史首座，也是至今唯一的世界大賽冠軍。

逆轉猴自此成為威力驚人的天使。

二〇二八年七月四日，只要逆轉猴能再度發功，助球隊逃過東方神經夫妻的帶衰力量，相信洛杉磯天使隊必能重返榮耀。

新手媽媽哺乳教戰守則

用金州勇士隊記憶舊金山

潔西．譚站在DET講堂舞台上，身後的投影屏幕裡，是她戴墨鏡穿比基尼站在沙灘，一手拿啤酒，一手抱著兒子，披頭散髮開心對鏡頭燦笑。比基尼只勉強罩住左胸，右罩翻下，讓兒子吸吮著自己的乳房。

「我年輕時就不太怕給別人看到我的胸部。」潔西說出她的開場白。

「有一次和好友去峇里島衝浪，初學的我穿著比基尼就上陣了，反覆被浪打下來後，我終於明白為什麼別人不是穿連身泳裝就是T恤。當時我以為有個帥哥很喜歡我，因為他一直隨著潮浪緊跟我身旁，直盯我瞧，不時露出挑逗的微笑。直到好友急切游來我身邊，告知我的比基尼掀開了，我才知道胸部早已整組露出來見客，難怪帥哥會笑呵呵。」潔西自嘲地翻了個白眼，觀眾如預期地笑了。

潔西繼續她的演說：「大家好，我是潔西．譚。我是位小兒科醫師，也是母乳推廣協會顧問。我先生威廉．譚是名矽谷工程師，我們有一雙可愛的兒女，狗女兒Uni和小兒子伊恩，我們住在蒙特雷的海邊別墅。沒錯，我們就是人生勝利組。

「如此得意炫富，是因為這種背景會讓我說的話比較有順服力。人們通常只願相信所謂的成功人士，我只有幾分鐘的時間分享哺餵母乳的好，這是比較快的捷徑。

「因為如果你真的認識我，你應該不敢讓我醫治你的孩子。

「我曾經在史丹佛大學校門口、聖地牙哥海洋世界裡，以及名貴轎車上拉過屎；喝醉酒時會在滿是人潮的購物中心裡爬行；在實驗室考試無法分辨不明溶液，就只好用喝的試味道；電影《醉後大丈夫》的情節，我大致都有在拉斯維加斯復刻過女生版；有門學科是跟教授以媽媽有心臟病為由哭求過關；在醫院實習時……算了，再講下去病患真的要退診了。

「連我這麼荒唐的人都可以活到今天，除了感謝上帝看顧，我相信和母乳有關。

「我的母親在洛杉磯出身，很喜歡看ＮＢＡ，她的最愛是科比・布萊恩，和我爸結婚前幾乎場場到史坦波中心報到。婚後移居舊金山，還是時常開七個小時的車去看球，連我在她肚子裡已經八個月大，也要求老爸在科比退休前陪她再去看一次。她每天會看著滿書房的科比搖頭公仔和海報，摸著自己的肚子，感受我的胎動。

「我的胎教不是古典樂，最熟悉的是球賽轉播員的聲音和各種進籃音效。媽媽說，每次我哭鬧，只要她打開體育台，我就能安靜下來。但我猜，事實上是每次我哭鬧，她就會掏出乳房餵我，讓我閉嘴，然後打開體育台看比賽轉播，讓自己平靜下來。

「我出生不久科比就退休了，媽媽終於甘心陪爸爸支持地主隊，當年浪花兄弟正如日中天，向來戰績不怎麼樣的勇士隊，突然建立起不敗王朝。說起來媽媽根本就是投機分子，總是支持冠軍隊當然開心的時間居多。

「她甚至在看球的現場也能餵奶。媽媽不願育兒改變她原本的生活，時常抱著我去當時勇士的主場甲骨文球場，反正近三小時的比賽，我頂多只需要一餐，餓了就把我塞進寬鬆的球衣裡，非常方便。

「媽媽在哺餵我時，總是在做開心的事。

「所以我是一個很容易開心的孩子。雖然我不怎麼漂亮還肉肉的，我還是很喜歡自己，這份自信也常吸引到不錯的人喜歡我，也或許是因為任何人我都能找到他不錯的地方。以在美國的亞州人來說，我的成績絕不是頂尖，當年能幸運申請到史丹佛醫學院，完全是因為教授也是勇士迷，看我的自傳是用勇士隊球員名字編成的藏頭詩，覺得我很有創意，可以為聰明但死板的醫學生，帶來一些刺激。

「我總是能用正面的態度，面對人生的各種挑戰。因為我是開心乳汁餵養大的開心寶寶。

「婦兒科界有句名言：『媽媽開心，寶寶就健康。』我是這句話的信徒，也照著這個原則養育我的兒子，鼓勵小病患的媽媽們。

「母乳有什麼好處，怎麼餵母乳，如何讓母乳充沛，網上有豐富的衛教影片，隨便搜尋一下，也有各類專家和媽媽前輩的經驗談。但千萬不要為了遵循那些建議，追求更高的標準，而讓自己不開心。也絕對不要讓婆婆或媽媽，還有那些生過一、二胎就自許為專家的媽媽魔人，對你本應天生就會的事下指導棋。

「我是獨生女，我那完全沒有育兒經驗的媽媽，從來不在乎別人怎麼說，照自己會開心的方式養育我。她的胸部不大，也從不追求奶量，一樣有足夠的奶水供應我長大。她說，上帝創造的杏仁核機制很奇妙，光是在上廁所時滑手機看到我的照片，在廚房聽到我的哭聲，乳房就會一陣漲痛，自動分泌出乳汁，後來我在兒子身上也得到印證。

「常有人問我，餵母乳時可不可以這樣、可不可以那樣，我總是會回答：『什麼都可以吃，只要不吃狗屎；什麼都可以做，只要不做會坐牢的事。』

「當然，如果你真的有任何因素不能餵母乳，也不要有壓力，以你的方式開心養育小孩就好，任何人要逼你餵母乳，都微笑請他閉嘴。

「最後，我想宣揚三個哺餵母乳的必勝祕訣：
「第一，在餵奶時，做你會開心的事。
「第二，在你開心的時候餵奶。
「第三，讓餵奶成為你最開心的親子時間。
「金州勇士隊，謝謝你讓我媽媽開心，我們是冠軍！謝謝大家。」

看球育兒法

最愛的Kobe退休後，我就隨著老公轉而支持金州勇士隊。即使已經去過好幾次舊金山，當然還是要安排一場勇士隊之旅。

勇士隊創隊時位於東岸費城，後來西移至舊金山。後來因球團想以北加州奧克蘭和南加州聖地牙哥做為雙主場，而以淘金熱聞名的加州暱稱——金州（Golden State）來代表為全加州的球隊。現在聖地牙哥並無主場，仍未改回舊金山，我想是因為勇士想取代湖人隊成為加州新霸主吧。

勇士的看板球星史帝芬・柯瑞和另一位射手克雷・湯普森，被稱為「浪花兄弟」，堪稱聯盟最恐怖的三分射手雙人組。每每兩人精準刷進的三分球所帶出籃網的弧線，就像是在籃圈下激起一道浪花，不管難度再高，距離再遠，出手動作再奇怪，常常在一場比賽裡，球迷們能不停看著他們「咻~涮！」「咻~涮！」地狂進三分球！

二〇一四年由浪花兄弟領軍的「死亡五小」陣容（柯瑞、K湯、D格林、巴恩斯及伊古達拉），以小個子放到五號中鋒位置的創新模式，在季後賽一路過關斬將拿下總冠軍。二〇一五年勇士隊更在例行賽取得七三勝九負，打破二十年前芝加哥公牛七二勝十負的紀錄。

勇士隊的教頭，也正好是公牛王朝時期的球員史蒂夫・柯爾（Steve Kerr）。而柯爾在來到勇士隊之前，完全沒有執教經驗，但是他擁抱科技，以數據分析等方法創造新的帶球文化。如今，球員生涯冠軍戒指已戴滿一隻手的柯爾，轉換身分後繼續帶領球隊搜集另一隻手。

二〇一六年賽季勇士隊補進去年西區冠軍戰的手下敗將——雷霆隊超級球星凱文・杜蘭特（KD）——這種「打不過對方就加入他」的行為，在當時引起了不少負評，這個決定在他為球隊完成二連霸後，批評聲浪也漸漸消音。勇士王朝不但改寫球隊命運，也改變了整個NBA生態。眾球隊不再以個人球星獨挑大梁、中鋒制霸禁區，或是三角戰術這些傳統方法來贏取勝利，開始流行靠外線飆分的年代。

打球總像是在玩樂的柯瑞，其實是名認真耕耘、擺脫身材劣勢的苦練型球員，他獨特的賽前大外線練球儀式，現在已變成球迷提早去現場卡位的必要行程；常在比賽中挑戰從球場中央丟的超大號三分球logo shot，也常成為網路上的熱搜影片；每次進球都會舉手表示感謝主，讓同為基督徒（也不怎麼高挑）的老公因此成為勇士迷。

我們的女兒誕生於破紀錄七三勝的那年，在肚子裡就陪媽媽去看湖人對勇士的比賽，出生後則是邊喝奶邊陪爸爸看勇士隊比賽長大。才剛會叫爸爸媽媽，看到柯瑞代言的運動品牌Logo，就能大聲喊出「Curry」。

女兒九個月大時，我們一家三口終於進入當年的勇士隊主場甲骨文球場。相較於我最常去的湖人隊主場史坦波中心，規模要小了許多，當時勇士隊才正起步，票價尚未水漲船高，不必像看湖人時得冒生命危險坐在頂樓的超高位區，花同等價位就可以坐到視野清楚的位子，讓我們十分開心。

但那場球賽無論是開場秀或是啦啦隊勁歌熱舞表演，對NBA常客的我來說都不是太新奇，還有在電視轉播就百看百厭的華人大媽獨輪高空接碗秀，也無法吸引我注意，還要對抗惱人的時差問題。老實說，對戰組合是誰，比賽精不精采，浪花兄弟共投進幾顆三分球，全都不記得了。

唯一的新鮮事，就是邊看球邊餵奶。

為了旅行方便，不想帶奶粉、奶瓶，還得到處找熱水，我是早早就把女兒訓練成「整個城市都是我的哺乳室」的親餵派媽媽。女兒隨時隨地都可喝到奶，自然願意配合媽媽做她想做的事。

我們住的好友潔西家距離球場加上比賽時間來回共約五小時左右，行前換好尿布，這中間應該只需再更換一次。唯一有點擔心的是現場各種聲光效果，以及萬名觀眾加油聲太吵雜會嚇到女兒，但感謝平時我邊看轉播邊餵奶的訓練，讓女兒非常習慣這種場面，甚至眼睛睜大大享受她的現場看球初體驗，比快睡著的媽媽更進入狀況。

直到第三節，肚子差不多餓了，女兒開始討奶喝，今天非常應景的是咖哩口味的奶水。

柯瑞（Curry）英翻中是咖哩，不說笑，美國為服務廣大的華人球迷，計分板上偶爾會秀出球員的中文名，而柯瑞的中文名真的就大大打上了「咖哩」二字，商店也有賣印有中文咖哩的T恤。潔西家正巧位於她戲稱為小孟買的印度人密集區，我們在出門前特別選用美味的印度咖哩，做為一家三口的賽前晚餐。

我拿出遮巾，把女兒抱入懷中，就這樣在滿是男性球迷環繞的狀態下哺乳。眼睛盯著球賽，嘴裡時不時噴一些垃圾話，因此沒人察覺異樣。女兒也很配合地在現場比賽立體聲中安穩喝奶，用餐完畢後躺在我懷裡一路睡到終場。

這次的勇士隊之旅讓我確信，不用因為成為母親而得放棄自己運動旅行的興趣。媽媽開心，寶寶就健康，我會繼續帶著女兒到世界各地看球說故事。

除了看球，舊金山交通方便，氣候景緻怡人，很適合親子遊。勇士隊主場現已轉至二〇一九年新建的大通銀行中心球館（Chase Center），隔壁就是MLB舊金山巨人隊的主場。如果在四月到六月間造訪舊金山，就有機會看NBA季後賽加MLB例行賽；或是選在十月底，也有機會看NBA熱身賽加MLB季後賽，將這兩支強隊的觀戰體驗一次入袋。不過勇士隊的票價應該已不可同日而語，預算要拉高一點才是。

搭乘驚險刺激的叮噹纜車，行經考驗駕駛技術的S型九曲花街，去漁人碼頭大啖美味海鮮，再搭渡輪去電影《絕地任務》（*The Rock*）取景的舊監獄惡魔島，彷若置身羅馬藝術宮，走在卡斯楚同志社區（The Castro）的彩虹道路上等等，都是大推的熱門行程。

去克里西菲爾德公園（Crissy Field）散步，還能遠眺舊金山著名地標金門大橋（Golden Gate Bridge）。不過，看清楚經常被迷霧環繞的金門大橋需要運氣。即使難得天氣良好，美麗的紅色橋墩完整露臉，也可能遭遇意想不到的阻礙，在此分享我老公的慘案以警示需要帶幼兒旅行的家長們：出發前記得帶小孩去上廁所。

我們夫妻婚後二度蜜月，女兒還未來臨的舊金山之旅，姊姊帶著外甥女陪伴我們一同前行。疑似有膀胱過動症的外甥女在上橋之際，突然說想上廁所，被大排車陣逼著走的姊姊只能硬著頭皮繼續開，坐在副駕座的我也不知該怎麼辦。在後座的老公急中生智，趕緊把手中咖啡喝完，將紙杯變成尿盆，完美接住溫熱液體之際，車子也順利穿過大橋，往森林裡駛去。但自此之後，除了勇士隊球衣圖案，老公再也沒有見過金門大橋。

若時間充裕，建議往近郊走走。我常覺得舊金山有著雙重人格，柏克萊和史丹佛這兩間知名大學，分別座落在景觀大不同的區域。

有著古典鐘樓，校門口是動畫片《怪獸電力公司》場景原型的柏克萊大學，附近街區滿是流浪漢，隨處可聞到大麻味，散發濃濃嘻皮風的商店，整個城市隨興慵懶；而充滿貴族氣息的史丹佛大學，位於Apple、Facebook、Google、Intel、Netflix、Tesla、Uber等高科技產業發源地的矽谷。來此一遊，可以安排到知名企業總部朝聖的行程，在臉書的「讚」牌前打卡比讚，去Apple Park喝杯咖啡，再到Google園區與搜尋引擎裝置藝術合影。

再更遠一點，還有不醉不歸的NAPA酒莊；曾有克林伊斯威特當鎮長的童話小鎮卡梅爾；影后雲集的美劇《美麗心計》（*Big Little Lies*）為故事背景，富人海邊別墅林立的蒙特雷；擁有二十一個景點站，北加最美海岸線17-milesdrive；及優勝美地為首的各大國家公園健行露營。

就像是舊金山市區上下落差極大的地形，勇士隊大起大落充滿驚奇。一支吊車尾球隊，歷經十年爬升至頂峰，又在二〇一九年跌至谷底。不但失去總冠軍，浪花兄弟相繼受傷，冠軍陣容陸續離隊，又遇到Covid-19疫情打亂節奏，新球季回到難看的墊底戰績。幸好在二〇二二賽季，浪花兄弟終於合體奪回總冠軍，為舊金山重建值得一訪的勇士王朝。

苦澀的凱洛琳

用紅襪隊記憶波士頓

「為什麼不報警？」派崔克點了一根菸。

「你覺得以我的身分，警察會當真？」艾佛列克苦笑。「黑幫的孩子失蹤，不是蹺家，就是被對手或是自家人幹掉了。」

「凱洛琳不見之前發生了什麼事？」

「我們吵了一架，然後我摔爛了她的手機。」

「吵什麼？」

「整個夏天她都窩在家裡搞電腦滑手機，我問她怎麼不和朋友出去玩？她說有我這種爸爸，誰敢和她交朋友？我說了很多次，她媽媽離開後，我就不再幹那些勾當了，但有些事業不能收掉，是為了讓我的手下養活他們的家人，她回我，『那麼會照顧別人的家人，怎麼就無法保護好媽媽？』總之就是些老調重彈，我講不過她，一怒之下摔了她的手機，她丟下一句，『你就只會用暴力解決事情』，就跑出門了。」

「還滿像有青少年家庭會上演的情節。」

「是啊，我以為她就像平常的孩子沒錢花後就會回家了。」

「她可不是平常的孩子。」

艾佛列克沒有回應。

派崔克繼續追問：「你確定和你的……事業無關？畢竟……」

艾佛列克搖搖頭。「我早被時代淘汰了，過去的仇家，也都已經隨著我太太珍而去。所以我手下什麼都查不到，幾乎把所有可能性都排除了。」

「她有男朋友嗎？」

「這就是我找你的原因，我對女兒一無所知。由你來查可能比我的手下要細膩一點。」

「我不知道我還有這種聲譽。」

「總之，我認為她只是存心躲著我，但是開學了她還沒回學校去，沒錢、沒人可靠，我擔心她為了討生活而發生什麼不好的事。我希望能在那之前找到她，你願意幫我嗎？」

紐約

來自台灣的廣告導演K，為了調時差，比其他同仁早一天飛來紐約；為了調時差，他想撐一天不睡；為了撐一天不睡，他一定得出門。所以他決定用一天的時間把曼哈頓十大景點走完。

步出飯店，眼前就是中央公園，愛跑步的K決定用慢跑展開他的旅程。入秋的氣溫實在太舒適，一不小心就跑了五英哩，K跑出公園，繼續用雙腳認識紐約。走過MOMA、時代廣場一直到尼克隊主場的麥迪遜花園廣場門口……K不知道自己最後是怎麼回到飯店的，只記得很明快地決定放棄調時差，向剩餘景點告別後，下一秒就在床上昏睡。

是運動魂將他喚醒的。因為他早早買好了今晚的棒球票：絕不容錯過的紐約洋基對波士頓紅襪世仇對決。他忍著全身痠痛，前往洋基球場。

一切都計算得很完美。數月前，他向一家金控公司提案通過的腳本，是以台灣在美國職棒打拚的原住民球員林子維為背景的故事。當時設定是要先去子維目前所在的小聯盟球隊拍攝，羅徹斯特（Rochester）位於紐約洲上西部，團隊要先飛紐約再換搭國內線，拍完後再飛到波士頓補拍一些畫面。如此大費周章的原因是子維今年會數度升上大聯盟，是台灣久違能登上職棒最高殿堂的球員，而且還是超強的紅襪隊。

K的妻子同一時間正在洛杉磯探親，吵了很久想去波士頓玩，正好可以藉這次工作機會完成她的心願。後天，妻子就要帶著K才分開一星期就萬分想念的三歲女兒，飛到波士頓會合，待拍片結束後再多停留幾天觀光。

結束漫長紐約一日遊的K，將拍攝前的會議延至隔天候機時再開，便請大家早點休息儲備體力。沒想到才剛回到房間沖完澡，監製打來。

「我不是說有什麼事明天再說嗎？」K強忍不耐。

「不是啦！導演，子維又升上大聯盟了。」監製急切地回。

「哇！太棒了！」

「不棒啦！不是，子維很棒，但我們麻煩了！子維明天要來紐約比賽，所以我們不用去羅徹斯特了，機票、飯店就算了，我現在根本來不及勘景，更來不及申請……」

睡意立時消散的K，急奔攝影師阿利的房間開緊急會議，看著每格原訂拍攝的分鏡腳本，他再度感謝上帝的完美安排。

波士頓

派崔克告訴艾佛列克他盡量走走問問，但不保證能找到人。直覺告訴他，凱洛琳應該在某處活得好好的，只要確保她安全就好；經驗告訴他，只有時間，能幫助青春期的孩子自己想通。

「凱洛琳怎麼了嗎？艾佛列克先生說要帶她去歐洲度假，不確定什麼時候會回來，學費照付，我們也不好多問什麼。」老師滿臉疑惑。

派崔克不便戳破這個說辭。「你知道凱洛琳的母親過世得早，爸爸怕女兒偷交男朋友又不敢問，請我來旁敲側擊一下，別擔心。」

「我看不出凱洛琳有交男友的傾向，何況這在我們學校算是違規的事，如果有發現也會和家長討論。」

這條線應該沒什麼機會了。派崔克晚上和安琪約了看紅襪隊的比賽，今天就此收工。

紐約

「先去洋基球場外圍拍些紅襪球迷進場的畫面，然後我們買票進場，邊看球邊看有什麼機會拍子維，回來再看素材能不能用。接著去中央公園拍，那裡有好幾個壘球場，阿利那麼會抓角度，應該會拍得和羅徹斯特那沒兩樣。然後啊～往大都會博物館方向，從地下道跑出來，有兩排樹蔭，地上還會冒出水蒸氣，很漂亮。」深夜的飯店房間裡，K抓著分鏡腳本，一一向團隊說明。

「導演你不是說沒來過紐約？怎麼那麼熟？」總算鬆一口氣的監製，癱坐在地上驚訝地問。

「我昨天跑過啊！」K得意地說。

半夜接獲通知再度升上大聯盟，清晨立刻要搭第一班飛機在中午前趕到紐約出賽的子維，就沒那麼好運了。早上六點趕到機場，得知唯一的班機延誤，地勤建議他改搭客運到水牛城，再從水牛城飛到紐約，是「最快」的方式。抵達洋基球場時，球迷已經在進場了，子維根本沒時間熱身，隨時準備要替補上場。

在九局接替鎮守二壘的子維，沒機會休息，隔日仍敬業地利用比賽前空檔，跟著K的足跡，完成原訂拍攝內容。所有人準備明日同飛波士頓，和子維繼續前進大聯盟。

波士頓紅襪對多倫多藍鳥系列第一戰

派崔克拿著兩杯啤酒，在安琪旁坐下。安琪把手中的帽子包裝撕開，幫派崔克戴上，那是一頂後面黏著棕色長假髮的特製帽，本日紅襪主場送給球迷的贈品——ECK紀念帽。派崔克黏上隨帽附贈的假鬍子，貼在自己的人中上。

「沒想到你留鬍子挺好看。」安琪嘻笑著。

「多虧今日工作不順，提早來球場，才幸運搶到贈品。」派崔克想喝啤酒卻被假鬍子擋住。

「另一件幸運的事，」安琪說，「我幫你向莫拉打探了一下，她最近都沒有驗到無名女屍。」

此時K抱著女兒入場，在派崔克和安琪前一排坐下。

女兒戴上ECK紀念帽，甜笑說：「我這樣好像爸爸。」

「爸爸比較漂亮吧？」K撥弄了自己的大波浪捲髮尾。

女兒咯咯笑，K想要親女兒，女兒用抵擋的手順勢把假鬍子貼在K臉上。雖聽不懂這對亞洲父女的對話，安琪仍感受到空氣中散發著甜甜的愛。

延續去紐約作客的二連敗挫氣，紅襪今天依舊打得很差，藍鳥隊一路壓著紅襪隊打，七局結束比數已經來到了7：4。所幸〈甜美的凱洛琳〉（*Sweet Caroline*）旋律在場中響起，球迷們得以全體起立大合唱一吐心中悶氣。

「我敢說波士頓叫凱洛琳的女孩一定是全美國最多的，你看，你手上正有一個凱洛琳。」安琪和球迷們一起坐下後對派崔克說。

「我去打個電話。」派崔克似乎想起什麼，起身步出觀眾席。

「這麼快就有凱洛琳的消息了嗎？」電話那頭的艾佛列克問。

「抱歉我沒你想的那麼神通廣大，只是想問你一件事。為什麼幫她取名凱洛琳？」

「我們愛爾蘭人哪懂什麼棒球，但是珍來到美國，最入境隨俗的應該就是成為紅襪迷了。她即將臨盆之際還是堅持去看球，然後就這麼戲劇化的，羊水撐到第八局時破了，我們衝到醫院生下女兒時，該取什麼名字，想都不用想。」

「想都不用想。」

「珍走後，我就沒再進場看過球。你為什麼問這個？」

「沒什麼，剛好在芬威球場唱完〈甜美的凱洛琳〉，一時好奇。不好意思讓你空歡喜一場，我會再找找看。」

「沒問題，享受比賽。」

今天不怎麼享受，派崔克心想。最後，藍鳥隊在九局上再奪三分，送紅襪球迷們傷心回家。

波士頓紅襪對多倫多藍鳥系列第二戰

即使全家都是運動迷，連看了三場球賽的K還是會覺得累。尤其昨天已完成所有拍攝所需的素材，今天只是加碼看有沒有機會多拍些子維上場的畫面，唯一讓他期待的只有八局上可以抱著女兒，和上萬名球迷一起高唱〈甜美的凱洛琳〉，K所認定的「女兒之歌」。

沒想到後來居然唱了兩次。

＊

派崔克打了一個大哈欠。今天他再度來到芬威球場，只憑一個很模糊的直覺，所以沒有找安琪一起來。

沒料到這場比賽比昨天更悶，又是一路輸到第九局，好不容易在最後一局扳成平手，卻遲遲得不到致勝分。延長賽已進入到第十五局了，意志力和直覺一樣模糊，派崔克不知道自己為什麼還要坐在這。

愈來愈多人放棄等待，人潮漸漸散去，此時，派崔克才看到數排前，出現昨天那組亞洲家庭，因為他們又把昨天那頂特製帽帶來，錯不了。

「好晚了，你要不要先帶女兒回飯店休息？」K和妻子討論。

「我不累。」女兒抗議。「但是阿利叔叔好累。」

順著女兒手指的方向，K往後看到坐在數排後的攝影師阿利，正在打瞌睡。

派崔克跟著這對亞洲父女的視線，好奇往後看，看到另幾位亞洲人身旁，坐著一個綁馬尾的金髮年輕女生。心頭一驚。

派崔克起身緩步移動到她身旁，坐了下來。

「不知道這是不是史上最長的延長賽？」派崔克搭訕地問。

「不知道。」女孩想要起身離開躲避他。

「凱洛琳。」

女孩僵直身體。

「別害怕，我是派崔克，一名偵探，我不是變態，是你父親拜託我來找你。你也不要擔心，我只是要確保你是安全的，如果你不想被他找到，我不會告訴他。」

「你哪敢不告訴他？」凱洛琳洩氣回應。「你是怎麼找到我的？」

「我只是想你有可能會來芬威球場，但我根本無從找起，沒想到今晚這麼幸運，一張球票看了快兩場比賽，還真的遇見你。多虧前面那不知道是日本還是韓國來的家庭。」

「他們來自台灣。」

「喔。紅襪隊好像有個球員是台灣人。難怪他們連來兩場，我昨天很巧坐在他們後面。」

「對，那個球員叫林子維。」

「你怎麼那麼清楚？」

「你猜得很準。離開家後我不知道要去哪裡，在地鐵看到一群紅襪迷，就跟著他們來到球場。我媽過世後，就再也沒來過這裡。看完比賽後我在球場附近找了間飯店住下，思索下一步。」

「誰資助你？」

「我有的是錢。這時代只要你懂得操控電腦，自然能把一些數字轉進自己的帳戶。說來好笑，我向來看不起我爸的工作，但為了遠離他，我和他做的事沒什麼不同，只是比較數位化而已。」

「虎父無犬女。」

「你真要感謝那對父女。」

「你們看起來不像彼此認識，但你對他們似乎很了解？」

「前天早上我在飯店大廳遇到他們。不只這家人，還有這幾個。」凱洛琳放低音量用大姆指小心比向阿利和工作夥伴們。「後來有個穿著紅襪球衣的人進來，就是林子維。這一行人就扛著機器跑去飯店後方的停車場，我好奇跟去看，發現他們似乎在拍片。上網查了一下這球員是誰，就猜想他們應該是來紀錄他的，因為他剛升上大聯盟。」

「紅襪隊好像從來沒有台灣來的球員。」

「應該是吧。昨天早上聽到他們請櫃台幫忙印網路買的球票，反正我很無聊，就跟著他們進場看球。」

「難怪你說我要感謝他們。」

「我整場比賽看著他們的互動，父女沒什麼在看球，一直在玩。媽媽似乎才是球迷，我猜想因為爸爸要來拍林子維，媽媽正好可以跟來看球。實在很像我家。」

「嗯。我聽說你媽媽是紅襪迷。」

「我一直在那個爸爸臉上，看到小時候我父親看我的樣子。後來〈甜美的凱洛琳〉來了，那個爸爸抱著女兒又親又唱，好像自己是全天下最幸福的人。以前每次播這首歌時，我爸就會說，凱洛琳，全場都在為你歌唱！第八局永遠是我們父女最期待的時光。」凱洛琳接著說，「你是我這陣子除了服務生以外，第一個對話的人。我沒什麼朋友，因為不知道怎麼和人互動，竟然被我爸戳破這件事，我覺得很丟臉，只好把交不到朋友的原因賴給他。」

凱洛琳眼眶泛淚，滿臉苦澀。「我想像我媽一樣，有個願意陪我做我想做的事的人在身邊。」凱洛琳看著K的妻子。「你看那個媽媽，眼睛直盯著球場，不管先生和小孩有多無聊。」

＊

K帶著女兒去找阿利，在派崔克身旁坐下，K與凱洛琳視線交會，凱洛琳對他投以微笑。

「你的女兒好甜。」凱洛琳說。

K驚喜略帶驕傲。「謝謝！就像甜美的凱洛琳！」

「就像甜美的凱洛琳！」

此時彷彿上帝設定好的劇本，〈甜美的凱洛琳〉再度在球場中響起。

所有人不可置信地互看。「為什麼？」K問。

「因為又一個第八局了！」派崔克指向計分板。

K露出恍然大悟的表情，興奮地把女兒抱起來，和凱洛琳一同歡唱。

難以相信你會到來。

手，觸碰手。

伸出手，觸動我，觸動你。

甜美的凱洛琳！
美好時光似乎從未如此美妙，
我曾經以為它永遠不會。
但現在，我望向此夜，
它看起來不再那麼寂寥，
因為我們兩個人就足以豐富它。

甜美的芬威球場

我非常喜愛的兩位作家丹尼斯・勒翰（Dennis Lehane）和泰絲・格里森（Tess Gerritsen），他們筆下的派崔克與安琪系列，以及珍與莫拉系列的故事背景，都發生在波士頓，所以我對這個城市總是感到莫名熟悉（不過多半是犯罪的氣味），本篇故事就借用他們的名字致敬了。身為運動迷，更會想來波士頓朝聖，ＭＬＢ紅襪隊、ＮＢＡ塞爾提克隊、ＮＦＬ新英格蘭隊，還有舉世聞名的波士頓馬拉松，全在這座古老城市。但說來奇怪，過去我若有機會到美國東岸旅行，最後總是選擇紐約，一直沒機會造訪波士頓。當聽到老公要去波士頓拍林子偉，死纏爛打也要跟。

近幾年，許多台灣好手進軍美國棒壇，但是能站穩大聯盟腳步的愈來愈少。林子偉也是起起伏伏，但畢竟他是在王建民之後，再度拿到世界大賽冠軍戒指的人，還以超級工具人的角色，在大聯盟留下除一壘全守備過的另類紀錄。二〇一七年到二〇一八年他在紅襪隊的那兩年，每每升上大聯盟，就感覺回到從前早起看王建民的時光，期待他有好表現。

我是一個沒有忠誠度的球迷，台灣球員在哪裡就支持哪一隊；如果撇開愛國因素，最喜歡的就是波士頓紅襪隊。

我是在二〇〇四年被這支球隊圈粉，當年紅襪在隔了長達八十七年的時間，終於再度拿下世界大賽冠軍；更重要的是他們成為七戰四勝賽制史上第一支從0：3打到4：3反敗為勝的隊伍，這是在任何職業賽事都很難看到的超級逆轉勝。紅襪球迷年年失望但年年不放棄希望的念力，終於讓他們破解了「貝比魯斯魔咒」[1]，改變了這城市日後的命運。記得當年並不關心紅襪戰績的我，在球員衝進球場疊疊樂的那一刻，我也跟著濕了眼眶。這就是美好的十月棒球。

得知林子偉進入紅襪隊後真是興奮莫名，超感動看他把國旗貼在球棒上，又如此幸運可以藉老公工作之便近距離接觸。

二〇一七年秋天，我帶著三歲大的女兒從洛杉磯的姊姊家出發，搭六小時飛機抵達波士頓與老公會合。入住的飯店居然就在芬威球場旁[2]，窗戶看出去就可以從細縫中窺見傳說中的「綠色怪物」[3]，實在是夢幻到不行，行李一丟就拉著女兒衝出門展開球場周邊巡禮。

大聯盟最古老的芬威球場，由充滿歷史感的百年紅磚砌成，球場周圍布滿餐廳酒吧和球隊紀念品店，通往最近的地鐵站有一座橋，是以紅襪著名球星「老爹」大衛·歐提茲（David Ortiz）命名。

根據二〇二〇年富比士調查，全美死忠球

迷排行榜第一名就是紅襪球迷。芬威球場總是能吸引爆滿球迷，紅襪也是大聯盟連續滿場紀錄保持隊。波士頓人地主意識相當高，也很愛去鄰近的紐約洋基踢館，相當以自己是紅襪迷自豪。許多來到名校雲集的波士頓留學的人，自然會成為紅襪球迷。和去洛杉磯兩支球隊看球的經驗不太一樣，看球雖是休閒活動，紅襪球迷相對認真投入在比賽之中。這裡也不只會唱我封為棒球國歌的〈Take Me Out to the Ball Game〉，還有波士頓獨有的〈甜美的凱洛琳〉（*Sweet Caroline*）。

這首靈感來自甘迺迪總統的女兒凱洛琳的暢銷單曲，是紅襪隊主場在八局攻守交替空檔，固定播放的主題曲。有一說是某位紅襪隊員工在女兒凱洛琳出生當天，情商同事播放這首歌，沒想到大受球迷歡迎，最後形成固定傳統。因此被我那超愛女兒的老公稱為「女兒之歌」。

老公工作、我們母女觀光都忙了一整天，加上美國東西岸時差，累慘的一家人仍能被芬威球場特有的氣氛帶動。我們戴著球場發的ECK[4]特製帽，彼此嘻鬧，穿著林子偉的簽名衣，和鄰座球迷們互動做國民外交，整場比賽完全不感疲憊。紅襪隊雖處落後卻時有攻勢，七局下已追到了三分差。到了第八局，〈甜美的凱洛琳〉前奏一下，我們和滿場球迷一同起立，懷著反攻的希望，抱著女兒又唱又跳，DJ偶爾還會暫停音樂，讓大家一起清唱，差不多就是五月天演唱會，阿信把麥克風交給萬名觀眾大合唱的那種情景。雖然藍鳥隊在九局上無情海灌三分，紅襪隊輸球收場，但有看到林子偉上場的感動，和女兒之歌的助陣，一家人還是滿足而歸，更何況，明天還有一場球可以看呢。

結果是兩場球賽。

這場比賽和昨天大不相同，少了新鮮感，沒有好玩的贈品，只有旅途累積更多的疲勞，還是一場悶極了的投手戰。是期待林子偉上場，和甜蜜凱洛琳幫助我們撐到了第八局，歡樂合唱團結束，緊接著是九局下的大反攻，三連敗的紅襪終於把比數追成平手，精神整個都來了。這興奮劑效用延續到第十局，又到第十一局，再到第十二局，一直到第十五局……每一局都在掙扎著要不要回飯店，每一局都哈欠滿球數。就這樣，來到了第十七局，甜蜜凱洛琳她又來了，我們和所剩無幾的球迷們你看我、我看你，揉揉眼睛、搓搓臉、伸伸懶腰，慢慢起身。就像朋友都醉倒的KTV包廂裡，在等待服務生來結帳的空檔，再點播一次阿妹的〈三天三夜〉加減唱唱。已經看了快兩場球賽，我終於宣告放棄決定回飯店躺平。

回到飯店打開電視，看到林子偉再度上場，洗好澡闔上眼前，先是聽到隔壁的芬威球場傳來歡呼聲，才看到電視裡那支再見安打出現，很奇妙的立體環繞效果，紅襪隊終於贏了，我欣慰地沉沉睡去。

後來才知道這是史上唯二最長局數延長賽，第一次來波士頓就有幸見證歷史。隔年紅襪隊在世界大賽，又打了一場史上最長時間延長賽，這回我是在朋友家邊吃烤肉邊愜意地看電視，看到體育台工作人員討論著，要不要為從清晨一路轉播到傍晚的主播田鴻魁和球評曾文誠訂晚餐，回頭一查，得知當年那場十九局的比賽，也是他們轉播的呀。

在芬威球場唱了二加一次〈甜美的凱洛琳〉，絕對是我波士頓行最甜蜜的回憶。

ＭＬＢ和ＮＢＡ賽季重疊時間很短，很難同時一趟波士頓兩種享受，但是可以選一個看賽事，另一個去看球場。兩支職業球隊在休賽期都有參觀球場服務，我們這趟去了塞爾提克主場，ＴＤ花園球場位於波士頓市中心，由ＮＨＬ棕熊隊與ＮＢＡ塞爾提克隊共用。

「綠衫軍」塞爾提克是湖人死敵，不過Kobe Bryant退休後我就沒有強烈的敵我意識，能參觀這支傳統強隊球場還能算進運動迷成就之一。ＴＤ花園球場不怎麼華麗，但是裡頭的新英格蘭運動博物館就相當富庶，畢竟這是一支擁有十七座總冠軍的球隊，包含大鳥柏德、三巨頭的名人堂球星無數。除了塞爾提克，紅襪、愛國者和棕熊隊的相關歷史與收藏也列於其中，運動迷可以在此逛上一整天。導覽員帶我們造訪球場內部，參觀球員休息室、媒體記者室和音控室等等。印象最深刻的是棕熊隊球員出場走道，牆壁被球員撞出許多深刮痕，連不鏽鋼大垃圾桶都有被球棍擊打的凹痕，很有想像空間。

愛國者球場離市中心甚遠，時間不夠無法前往朝聖，但是運動迷可以「跑」去看波士頓馬拉松的終點線，就在公共圖書館前方，永久印在路面上。若有餘裕，可以嘗試依著賽事路線，走一趟四十二公里的波士頓小鎮之旅，這個全世界最古老的馬拉松賽事，沿路會經過許多如亞什蘭鐘樓、弗雷明罕火車站的歷史景點，還可以去最著名的「心碎坡」（Heartbreak Hill）跑看看，最後再到終點線前用腳打卡。這裡已看不到二〇一三年波士頓馬拉松爆炸案的苦痛，留下來的只有波士頓人「Be Strong」的勇氣。順道一提，〈甜美的凱洛琳〉原主唱尼爾·戴門（Neil Diamond）曾在爆炸案發生後來到芬威球場，在第八局時現場獻唱這首歌。

對腳程沒信心，就搭鴨子船輕鬆收集景點，它是水陸兩棲的市區觀光巴士，八十分鐘行程，有中文導覽，買票還會贈送其他著名景點的免費或折價券，像我們參觀哈佛大學和TD花園球場都有使用到，非常划算。

哈佛、麻省理工學院等名校巡禮是一定要的，還有市政廳、自由之路、波士頓公園都是散步好景點，累了就到昆西市場（Quincy Market）來一碗麵包盛的巧達湯，至於龍蝦堡就不太建議，二十美金一堡只夠三歲女兒卡牙縫，如果不是樸實無華的有錢人，把餐費省下，直接去小義大利區，波士頓最著名的龍蝦海鮮餐廳都在此，體驗酸甜辣味各種料理方式，回台灣再苦苦賺卡費吧。

注

1 一九二〇年紅襪隊將陣中全壘打王貝比魯斯交易至紐約洋基隊後，紅襪隊就再也沒碰過冠軍金盃，因而有此一傳說。

2 Verb Hotel。設計時尚簡約、乾淨、交通方便、價格實惠。最重要的是，房間看出去就是芬威球場，非業配文，真心推薦給球迷。

3 芬威球場左外野較短，很容易製造全壘打，因此將左外野的綠色計分板加高，讓球不容易飛越，這座超高綠牆就有了此暱稱。

4 暱稱ECK的名人堂傳奇球星丹尼斯・艾克斯利（Dennis Eckersley），是史上第一位達到單季五十場救援成功與二十場勝投的賽揚獎投手。眾所皆知許多紅襪球員喜歡留鬍子，不過ECK可能才是蓄鬍的始祖，效力紅襪時，ECK的招牌就是俏鬍子和一頭捲中長髮。

兩個世界，一個台灣之光

用洋基隊記憶紐約

右派世界——台灣時間——二〇〇六年六月八日

「今天是王建明的第八場先發，對上洋基世仇紅襪。曾公和球迷朋友們一樣看好我們沉默的王牌，能在這場比賽中再添一勝嗎？」體育主播田富寧開場。

「確實。」球評曾文成簡短回應。

左派世界——印弟安時間——六一八〇年六月七日

世界盃棒球賽總冠軍戰。古柏賽米諾爾球場廣播人員工力文武・梁，透過麥克風介紹台灣隊先發陣容：「第一棒二壘手比爾博・祥子，第二棒中外野手拿莫・健倫，第三棒捕手布魯斯・李慶，第四棒指定打擊游雷・坎諾，第五棒一壘手乃耀・南義文……先發投手吉力吉撈・建明。」當工力文武介紹到「台灣之光」吉力吉撈・建明時，全場報以如雷掌聲。

右派世界——美國東岸時間——二〇〇六年六月七日

就讀柏克萊大學的台灣研究生可廷，在161 Street站下車，跟著一票洋基球迷向球場前行。她趁暑期空檔飛來紐約，和從台灣來的高中同學主安會合，展開曼哈頓五天四夜之旅。第一個行程是看棒球賽，她對運動完全沒興趣，但是瘋狂球迷主安就是為了這場球賽才大老遠來到紐約，這場比賽先發投手是台灣之光王建明，也是值得湊熱鬧。

下午搭機抵達紐約時就一直在下雨，不知道比賽打不打得成，但和主安約好了在球場碰面，可廷還是趕緊從行李箱裡抽出雨傘，匆匆離開飯店。

遠遠就看到穿著藍白條紋大雨衣的主安，在入口處和她揮手。

「好崩潰喔～今天一整天都在下雨，早上我都改成室內行程。怎麼辦，好不容易算好投一休四的王建明今天先發，如果這場因雨延賽，就看不成了！」主安喪氣地說。

「我們禱告吧。」基督徒可廷安慰她。

不信主的主安抱著寧可信其有的心情，閉上眼睛聽可廷禱告，跟著說了聲「阿們」。兩人睜開眼，就看到天空出現一道彩虹，籠罩曼哈頓上空一整天的烏雲全數退散，雨停了。

主安興奮地抱住可廷，「感謝你的上帝！」

「回台灣你要跟我去教會。」

左派世界——印弟安時間——六一八〇年六月七日

比賽前二局一如外界預期，是十二上十二下的投手戰，畢竟這是世界上最強兩個國家的王牌投手對決。但是三局上，瑪雅國的巨炮圖皮・歐理茲，一上場就抓出吉力吉撈・建明的失投球，敲出一支全壘打。

「啊！」從台灣來拍攝吉力吉撈・建明紀錄片的導演莫那・阿奇，坐在媒體室裡，看著這顆球飛越全壘打牆，擔憂地慘叫一聲。正在右外野觀眾席訪問球迷的監製太太魯妮・婷儀也大叫一聲，然後就消失不見。

右派世界——美國東岸時間——二〇〇六年六月七日

主安坐在遙遠的右外野，看著王建明又使出拿手伸卡球三振對手，低著頭緩步走回休息室。連二局三上三下，王建明表現一如往常，面無表情地接收全場球迷起立拍手大喊：「Wang！」「Wang！」主安感到無比驕傲，連看不太懂比賽的可廷也覺得不虛此行。

但是三局上突然風雲變色，王建明被老爹歐理茲擊出一支陽春砲。

看著這顆球朝自己飛過來，可廷和身邊想搶球的主安反應不同，她本能抱著頭緊閉雙眼想躲球。當她再次睜開眼，覺得自己身處的環境有些變化。

右派世界——台灣時間——二〇〇六年六月八日

「Hasta la vista, baby!」主播田富寧說出他的經典名言。

「不愧是歐理茲，抓住這個失投球。不過我相信王建明會穩住。」球評曾文成平靜地說。

「剛剛我們轉播訊號似乎有點狀況，落到右外野的全壘打球爆出光點，好像老爹的威力驚人，自帶特效啊。呵呵。」

曾文成沒有答腔。

左派世界——印弟安時間——六一八〇年六月七日

可廷左右搜尋，找不到主安的身影，不知道她跑去哪搶球了。她覺得頭有一點痛，決定先坐著等看看。可是身邊的人開始說著她聽不懂的話，很像多年前參加教會希伯來文查經班的語言，而且他們的樣子也和原本的球迷不太一樣，球場環境也怪怪的，但是投手丘上看起來還是王建明。一定是東西岸時差，搞得自己頭昏了，可廷心想。

主安回來了！原來她跑去換衣服啊，還特別換上為支持台灣獨立的鯨魚圖樣衣，主安每次都跟可廷抱怨很討厭中華台北這個詞，但在這邊穿這件衣服，老美又不懂。

「你為什麼不一開始就穿這件來，還特別跑去換裝？也不跟我說一聲，害我剛剛好害怕，旁邊球迷變得很奇怪，講一些像希伯來文的話，是什麼特別的棒球加油術語嗎？」

「@#$%&*^!」

可廷差點昏過去，因為主安也說著她聽不懂的話。

右派世界——美國東岸時間——二〇〇六年六月七日

魯妮・婷儀頭好像被什麼東西K了一下，她不禁痛得大叫。眼前的女球迷，驚訝地看著她。魯妮・婷儀摸摸頭，一邊為自己的失態表示不好意思，一邊想繼續剛剛的採訪。她覺得這個台灣球迷很適合，打算請對方賽後接受正式的拍攝。

但是這個女球迷顯然對魯妮・婷儀的提問滿臉疑惑，並且，女球迷身上穿的衣服，也不是原本印有台灣國旗的球衣，而是一件藍白條紋衣。

「我們真的很希望你能接受訪談，你特別飛來印弟安國為台灣隊加油，太熱血了！」

「@#$%&*^!」

那位女球迷說出魯妮・婷儀聽不懂的話。

天堂——無限年無限月無限日

「上帝！上帝！」米迦勒急切地呼叫老闆。

「不要吵我，我想看建明打算投什麼球。」

「祢可以幫他配球啊。」

「哎喲！你就是這麼愛干涉人類。我賜給他們自由意志，就是要讓他們自己決定事情，觀察他們的變化才好玩啊～你看，左派世界的夏娃沒有上蛇的當，吃了分別善惡的果子，人類一直乖乖聽我的話發展，沒有建造巴別塔搞得全世界說著不同的語言，也不需要讓我犧牲愛子耶穌去拯救他們，就這樣平平安安地過了六千多年。結果，還是和右派世界一樣，發展出棒球這個玩意兒，不是很有趣嗎？人類還是好競爭，就算左派世界沒有戰爭，還是想到要用運動比賽勝負來分配資源。兩個世界的棒球場上還都出了一個『建明』，太奇妙了。」

「而且左派的棒球比右派發展得還好，是全世界最多人參與的運動，不像右派的是足球。」

「嗯。還有啊，台灣這個小地方，在右派打得不錯，在左派的純原住民世界裡更是變成世界第一。猶太人外，台灣原住民大概是我創造出最喜愛的民族了。」

「那上帝祢趕快出手幫幫這兩個台灣女孩啊。她們交換時空了！」

右派世界——美國東岸時間——二〇〇六年六月七日

魯妮・婷儀感到一陣惶恐。除了剛剛那個女球迷換了衣服，還說著奇怪的語言。放眼四周，人事物都變得不太一樣，只有投手丘上還是吉力吉撈・建明，但是他也換球衣了。

魯妮・婷儀起身離開觀眾席，往媒體室急奔找老公，雖然周遭景物都變得不太一樣，但動線是差不多的。當她到媒體室，卻被維安人員擋在門外，她舉著採訪證急切解釋，對方卻講怪話將她推開。她絕望地走向廁所，用大量的水沖洗臉頰，想把這個惡夢洗去。

左派世界——印弟安時間——六一八〇年六月七日

可廷和主安雞同鴨講了一陣，主安最後居然選擇不理她繼續看球。雖知道主安愛球成癡，但也沒必要跟她開這種無聊的玩笑，用她不懂的棒球語言戲弄她吧。可廷忍不住哭了出來，主安同情地遞上衛生紙給她，可是仍然不和她說話。「我有點累，先回飯店了，你慢慢看吧！」可廷堵氣丟下這句話後起身。

此時，主安終於站了起來，可廷以為她要道歉挽留。但其他球迷居然也全站起來，大家盯著場中又叫又跳，可廷朝她視線看過去，有球員在奔跑。她氣憤地看著忘情加油的主安，轉身離去。

天堂——無限年無限月無限日

「哎喲！建明好厲害啊～被打全壘打後馬上穩住。你說什麼台灣女孩啊～」上帝滿意地看著兩邊的建明下場後，轉身問米迦勒。

「剛剛兩派世界都有的歐理茲，都在建明手中打出那支全壘打，又同時落在同一個方向K中兩個女孩，而且她們都是台灣人。我六千多年來第一次看到這兩個平行時空重疊，結果這個巧合，把這兩個女孩互換到另一個世界了！祢看，她們現在都快崩潰了，這和什麼自由意志無關，快出手救她們吧～」

「別心急。」上帝微笑，「這兩個時空很快又會重疊了，你看，也是兩派世界都有的坎諾上場打擊了。」

左派世界——印弟安時間——六一八〇年六月七日

魯妮·婷儀走出廁所想回去觀眾席，聽到場內傳來歡呼聲。她抬頭看球場美食街的電視螢幕上，一個球員跑到二壘停了下來，親吻自己的手指後指向天，傳達「感謝主」的動作。

此時螢幕突然爆光斷訊了一秒鐘又恢復，畫面裡還是那位球員，而且球衣又換回她熟悉的台灣隊。「果然是時差太累，剛才腦袋斷線。」魯妮·婷儀很肯定地這麼認為。她看到前面那家小店，照片裡的牛肉三明治看起來不錯，準備去買來吃壓壓驚。

右派世界——美國東岸時間——二〇〇六年六月七日

失魂走到球場美食街，可廷又聽見觀眾的歡呼聲，忍不住停下腳步看頭上方的電視螢幕，一個球員跑到二壘停了下來，親吻自己的手指後指向天，做出「感謝主」的動作。

可廷想到面對剛剛的處境，怎麼沒想到要禱告？於是她靜下心來向上帝祈求。說完「阿們」時聽到自己肚子傳來咕嚕聲，才想到從中午到現在都還沒吃東西，難怪會餓昏頭了。

睜開眼，看向前方寫著Lobel's of New York的小店，是英文！可廷驚喜地看看四周，正在買食物或上洗手間的球迷們，也變回穿洋基球衣的樣子了。她再看向遠方，出現熟悉的身影，主安向她跑了過來……

右派世界——台灣時間——二〇〇六年六月八日

「羅比‧坎諾打出超前分！球迷朋友應該都知道，坎諾的爸爸荷西‧坎諾曾經效力於台灣的台南獅隊，用贊助商的品牌命名為阿Q，今天坎諾又幫助王建明成為勝投候選人，真是名符其實的台灣之友啊～」田富寧難掩興奮之情。

「後來坎諾又再加入台北龍隊，改名為強龍。雖然聽起來比泡麵名有威力，但我還是覺得叫阿Q比較親切……，說著說著突然很想吃泡麵。」曾文成補充。

天堂——無限年無限月無限日

「知道我為什麼特別迷棒球了吧？套句人類常說的那句『球是圓的』，棒球比賽場內外都千變萬化，常上演連我都想不出的劇本呢。」上帝對米迦勒挑挑眉。

紐約台灣，都有王牌

二〇〇五到二〇〇七年應該是全台灣人最關注美國職棒大聯盟的時期，原本沒有特別支持隊伍的人應該也都會自認是洋基隊球迷。陳金鋒是台灣首位進入大聯盟殿堂的球員，曹錦輝是第一位站上投手丘的投手，但我想「台灣之光」一詞，絕對是王建民創造的。

運動迷的我本來多少就會看大聯盟賽事，但是比較喜愛紅襪隊，也因為常去洛杉磯而較關心道奇隊，但那段時間和多數台灣球迷一樣，當了三年的洋基迷。二〇〇六年去洛杉磯探親時，當然不放過到美國的機會，安排了一趟紐約行，親眼一睹台灣之光的風采。

往後我逢人就能說嘴，那一年王建民在大聯盟拿下十九勝，其中一勝我在場；重點是，對手是洋基世仇波士頓紅襪隊。

雖然常覺得台灣人太愛沾光——運動員的成就是靠自己的努力——但是，那天在洋基球場，只要王建民上場投球，大螢幕就會播出介紹台灣的影片，我還是忍不住與有榮焉，對身旁的老美球迷，投以虛榮的燦笑。

真的很感謝王建民給了全台灣球迷閃耀的三年，現在回到台灣的職棒當教練，為台灣孕育接班人。在看拍攝王建民的紀錄片《後勁》時，好幾段都感動得哭了，如果當年沒有因為跑壘受傷，相信沉默的王牌還會在紐約稱王好幾年吧。但天不從人願，所以我在〈兩個世界，一個台灣之光〉裡，創造了一個平行世界，讓王建民繼續發光。

那次的紐約行，行前早算好投一休四的王建民出賽日，但是當天的天氣預報降雨機率是百分百，雖說若因雨延賽可退票或看別場，但就無緣看到王建民先發了。開賽前果然下起傾盆大雨，萬念俱灰的我，在等待宣布是否延賽時去商店逛逛，買了一件深藍色條紋和印有大NY標誌的洋基雨衣，以為這會是這次旅程的唯一紀念品。沒想到才準備穿雨衣拍照留念時，整日沒停過的雨居然停了！

王建民投了七局好球，唯一丟掉的一分是三局上被紅襪隊王牌老爹歐提茲敲出的陽春炮。無論是觀眾起立大喊「Wang！」「Wang！」，或者「沉默的王牌」面無表情低頭走回休息室的畫面，和在台灣看轉播時完全一樣，可以親臨現場感受更是驕傲無比。

洋基最後以2：1擊退世仇，典型的投手戰，而王建民技高一籌。當時的總教練托瑞（Joe Torre）在賽後記者會上說：「王建民今天從第一球到最後一球，我都很滿意。」我也超級滿意啊。

波士頓離紐約很近，世仇對決可以看到現場有許多紅襪隊球迷前來，我身旁就有洋基紅襪雙情侶檔，考驗友情強度似地來看球。雖說他們能彼此忍受，周遭的洋基球迷可無法接受，一直對著他喊「Boston sucks」（Boston sox的諧音），面對集體霸凌，這位紅襪迷也是沒在怕的，只要紅襪隊有表現就站起來大聲叫好（老爹那支全壘打飛越牆邊時，我真的很怕他會被眾人丟出牆外）。不過對無關的第三者來說，是相當有趣的看球體驗，如果有機會來紐約，非常推薦選擇對手是紅襪隊的比賽。

也可能是世仇對決的關係，這次經驗不像在洛杉磯那種家庭娛樂感，球迷都很專注看球，我還和全場球迷做了無數趟集體波浪舞。另一個新奇的體驗是，除了六局下全場會唱棒球國歌〈Take Me Out to the Ball Game〉外，比賽結束時現場還會播放世界名曲〈New York New York〉，上萬名觀眾一起大唱紐約紐約，感覺非常紐約。

新的洋基球場我還沒有去過，可以聽聽播客節目「Hito大聯盟」裡「棒球伊甸園」單元的紐約洋基那一集，主持人Adam有很詳盡地介紹。下一次有機會再訪紐約，我會想照他推薦的行程走，特別是要一嚐Lobel's牛排堡。

若看的是平日晚間的球賽，建議白天就以地鐵四號線沿曼哈頓景點為主。從南邊開始有布魯克林橋和華爾街，中間是帝國大廈和時代廣場周邊，再來是中央公園；往北有大都會博物館、古根漢美術館等等，最好只挑喜愛的一、兩個景點就好，早點到洋基球場，才可以好好感受龐大財力所打造出的邪惡帝國。

除此之外，紐約地鐵到了夜晚挺危險，瘋子怪人多多，請謹記不要靠月台走，以防被人推下撞車。若不是住在臨近洋基球場的地方，看完球最好盡快離開。

紐約還有另一支球隊大都會隊，和洋基分屬國家聯盟和美國聯盟，紐約人的交通工具幾乎都是地鐵，位於皇后區的大都會隊，和位於布朗克斯的洋基隊，一條東西線，一條南北線行經曼哈頓，會在中央車站交會，因此這兩隊對戰時被稱做「地鐵大戰」。

大都會隊與台灣結緣更久，自二〇〇五年開始，每年暑假都會舉辦大都會「台灣日」（New York Mets Taiwan Day）。由於球隊的主場——花旗球場鄰近華人最多的法拉盛區，為擴大市場，大都會球團用「台灣日」做為行銷活動。過去曾請到許多台灣名人來擔任開球佳賓，如名導李安、網紅蔡阿嘎和台灣球星「恰恰」彭政閔。二〇一九年開始，總統蔡英文也都會錄製影片行銷台灣。催生這一切的大都會球團亞洲區負責人王偉成正是台灣人。相信未來，可以在大都會看到更多台美文化交流。若是打算暑假造訪紐約，可以看看能不能參與該年的台灣日。更令人值得期待的是，將來在大都會隊，能出現一個台灣來的王牌。

愛，沒有完結篇

獻給洛杉磯湖人隊Kobe Bryant

這本書前十篇故事完成許久後，關於洛杉磯湖人隊，我遲遲不知如何下筆。沒想到，台灣時間二〇二〇年一月二十七日的凌晨，靈感以很殘忍的方式來找我——我的最愛Kobe Bryant搭乘的私人直升機失事墜毀。

當時在凌晨時分，被住在洛杉磯的姊姊狂call醒，擔心出了什麼大事，幸好家人平安，但確實是件讓我震驚且難以接受的事，我全身發抖告知熟睡的老公後，就呆坐在床上，腦筋一片空白。之後關心我的訊息雪片般飛來，我不知道如何回應，也不知道怎麼看待這件事，五味雜陳的是，幾天後我就要前往洛杉磯了。

乾兒子的小學畢業禮物，是我們夫妻帶他去美國看NBA。當時疫情在台灣才剛開始，美國更還是相對安全之地，原本是趟期待已久的旅程，結果變成了追悼之行。

我很謝謝乾兒子，其實Kobe退休後，我才意識到自己根本不是湖人球迷，只是愛屋及烏而已。這幾年還因討厭的球員加入湖人，把家裡所有不是Kobe的湖人收藏都「收」「藏」起來，反從「湖粉」變「湖黑」了。帶乾兒去看的球賽，選的也是洛杉磯快艇隊主場，如果不是為了助他圓夢，我應該沒有機會再回到瘋狂球迷的模樣，送Kobe最後一程。

事件發生後，湖人主場史坦波中心外廣場，布滿球迷追憶Kobe的各種物品，我們抵達洛杉磯的隔天，因Kobe遺孀凡妮莎表示希望能將所有東西帶回家，工作人員準備全數拆除，當天晚上我趕緊衝至現場，將女兒畫的圖畫送去。

再次踏上湖人主場，許多回憶湧上心頭，美好感受反而大於難過，想到的都是一些追逐Kobe的花癡行為。曾因為姊姊動用關係而有機會到他當時的住所，即使在門口拍張照也興奮不已；姊姊後來又想辦法得知Kobe的新住處，帶我去現場悼念，我在滿是追思物品背景下拍了張照片，在臉書貼文寫下「永遠是會追你到家門口的瘋狂球迷」。當下，我終於知道這本書的最後一篇要寫什麼故事了。

我可以讓Kobe永遠活在我的創作裡。想像他如果還在世，會發生什麼事，當然還要讓這些故事全與我有關，繼續展現我自始至終的花癡，也算是一種找回愛的初衷吧。

Kobe在我的人生裡一直扮演著重要的角色。從棒球開始，愛上觀看各種運動賽事，自然偶爾會看看NBA。當時和多數人一樣，都因為麥可・喬丹而喜歡芝加哥公牛隊，某次看到公牛湖人大戰，自此愛上當時還是老愛挑戰籃球之神的臭屁小子Kobe。

非常幸運的是，姊姊住在洛杉磯，我才有辦法過著年年飛美國看Kobe的奢侈生活。更幸運的是，我在廣告公司擔任創意時，其中一個客戶是Kobe代言的運動品牌。我接到的第一個案子就是為Kobe最新鞋款的平面稿下中文標題，也因此Kobe兩次來台灣，我都能以「工作人員」的身分出席。我懂Kobe、懂籃球，服務這個客戶時能得到充分的信任，正所謂工作與興趣結合，真是感謝主。

我和老公相識後，籃球賽事經常是我們約會之地，Kobe是老公完全認可的情敵。他送我的第一份生日禮物，是一顆Kobe簽名籃球，婚紗照還有湖人隊入鏡，家裡到處放滿海報、紀念品。也因為有共同的興趣，我出國看球賽有了最好的旅伴，我們的女兒也打從娘胎就與我們四處看球。

洛杉磯可說是我第二個家一樣的存在，史坦波中心就是我家後花園。湖人隊是支偉大球隊無須多言，來到位於洛杉磯市中心的湖人主場，就是進入紫金王朝的榮耀殿堂。在外的廣場有傳說中NBA logo本人的傑瑞•衛斯特（Jerry West），以及天鉤賈霸、魔術強生和俠客歐尼爾的雕像，Kobe未來也將永立於此；進入場中，牆上高掛著無數冠軍旗幟和歷來明星球員的退役球衣，當然也包含NBA史上首位被同一支隊伍退休兩個號碼的球員——Kobe的8和24雙背號。

湖人隊一直具備好萊塢式的華麗陣容，也擁有許多好萊塢巨星粉絲，大概是全NBA最能同時追運動明星和演藝明星的主場。如果沒有特別支持的隊伍，想體驗一次NBA現場看球，就應該來湖人主場，其他行程安排可參考〈北七情報家族一用道奇隊記憶洛杉磯〉一文辦理。只是，要有票價高昂的心理準備，我第一次看球，能力只負擔得起坐在接近天花板的上上層位子，興奮之情和克服懼高症的恐懼交錯進行著，球員大概如螞蟻般大小，不搭配大螢幕是無法搞清楚球賽如何進行的。

NBA賽事外活動，像是開場介紹、唱國歌、啦啦隊表演等等，電視轉播都看得到，差別是臨場感，來現場看球，除了和全場球迷一起感受賽事的緊張激情，場邊活動也像是在看一場秀。有時候，身為一名花癡球迷如我，連能和Kobe呼吸著同一館的空氣都覺得很爽。

最後一次進入湖人主場，我是一個懷胎八個月的孕婦。在〈東方神祕力量一用天使隊記憶洛杉磯〉一文中有提及，這是老公人生的第一場NBA，托腹中女兒盧願的福，姊姊送上大禮，讓我們可以坐在一樓籃板正後方的座位區，而且還是聖誕大戰，美中不足的是——受傷的Kobe沒來。

雖然無緣看到Kobe，但對手是老公也很喜愛的勇士隊，他連看柯瑞在場邊練球都可以看得很起勁，完全無視孕婦很容易餓的需求。我一手撐著腰，一手抓住椅背，緩步起身，抱著肚子在球場美食區閒晃，回想起過去經常在此穿梭的時光，感受人生的奇妙，我居然從少女時代喜歡Kobe到當媽媽了。當時就預想自己應該不會再來了，於是拿起手機和Kobe的肖像自拍留念，沒想到二〇二〇年再訪史坦波中心，竟是要與Kobe正式告別。

關於現場看NBA，有另個想介紹的橋段。場邊DJ時不時會選在暫停時間，播放啷噹六便士樂團（Sixpence None the Richer）最知名的情歌〈Kiss Me〉，當音樂響起，攝影機便開始搜尋場內觀眾，直播在場中計分板大螢幕上，被拍到的夫妻、情侶，或是親子檔就會大方親吻，也有攝影師抓錯對象，把鄰座不認識的男女送作堆，利用這個橋段在球場求婚的人也不少。

東方人生性害羞，以前會怕被拍到很尷尬，但最後一次在湖人主場時還滿期待的，因為很想要老公親吻我的肚子，為他們父女留下紀念。我是沒有特別喜歡什麼前世情人、小三之類的說法，但我很喜歡看老公和女兒之間親密互動的幸福模樣。過去關心Kobe新聞時，也經常看到他對女兒們的愛，希望Kobe和同時於直升機失事中罹難的GiGi，父女倆在天堂一切都好。

能以所有故事的續篇形式完成此書，我覺得是對Kobe最好的紀念。生命會終結，但是愛，將永遠延續下去。

獻給Kobe Bryant，與他和我有關的十章續篇。

首章——地球第二十四次如願重生

這是盧願在麥可實驗室裡針對「可愛動物救地球」計劃進行的第二十三次實驗，失敗。

拿著自己吃剩的麵包皮，盧願沮喪地走出實驗室，把麵包皮剝成小塊丟在地上餵鴿子，鴿子們懶洋洋地慢慢走近。地球暖化日益嚴重，墨爾本今天的炎熱度再創新高，正在舉行的澳洲網球公開賽戶外賽事全部取消，北半球只剩俄羅斯和北歐有下雪。盧願覺得人類死光光就算了，為什麼要連累北極熊？

麥可的太太卡洛來送便當給他，看到盧願的樣子，就知道她今天實驗不順利，好久沒有看到這個女孩的笑容了。

「等等陪我去動物園走走好不好？台灣選手夜市小子昨天輸球恁祖媽（lín-tsóo-má）心情就歹（phái）。」

「我知道，我老母昨天從台灣打來跟我抱怨很久。」

「說到你媽，她交待我要好好照顧你，走啦！我帶你去動物園玩。」

「卡洛阿姨我已經二十七歲了啦！而且今天這麼熱，動物都躲起來了。」

「我們去把牠們叫出來。」

盧願和卡洛勾著手在動物園裡閒晃，園區人煙稀少。她們引來在園區工作的動物學家彼特•布萊恩的好奇，走上前來搭訕。

「天氣熱得不像話，你們不怕中暑嗎？」

「怕，我需要……」語畢，卡洛就眼前一黑倒下，所幸彼特接住她。

卡洛在醫務室裡醒來，遠遠看到盧願和剛剛那位年輕人在談話，她看到盧願再現熟悉的笑容，心中也跟著興起一陣喜悅。卡洛繼續裝睡了一段時間，臨走前，她強行要求盧願要請彼特吃飯，幫她表達謝意。

彼特對這位可愛的東方女孩一見鍾情，馬上說自己明天正好休假。

＊

「我們全家都是亞洲胃，不愛吃西餐，四歲時第一次和爸媽來澳洲旅行，這間早午餐店完全改變我們對西式早午餐的感受。我不記得店名，只記得門口有隻大公雞雕像，來墨爾本讀研究所時，想起那個味道，就跑來市中心四處找公雞，幸好他們店面換到更大的地方，但是招牌公雞還是放在店門口。」盧願在等餐時對彼特說。

「這間也是我們全家週末常來的店，從 Hardware 街一路吃到這裡，你四歲時我六歲，說不定我們曾在店裡相遇喔。」

「當時有個調皮的小男孩擠了一堆番茄醬在弟弟頭上，該不會就是你吧。」

「那鐵定是我哥哥。我是從小被哥哥整到大的小孩，他讓我深信動物比人類好相處，所以算是他幫我選擇了這個職業。你呢？怎麼會來墨爾本讀獸醫，開始進行『可愛動物救地球』計劃的？」

「我知道這個想法很蠢。」

「嘿，一點也不。我非常認同你的構想，我和你一樣深信動物的療癒效果。人類也是動物的一種，只是上帝賜給我們的智慧往往沒有用在正確的地方，只要我們能找到維持人性那比較好的一面。如果你需要，我很樂意與你一起努力。」

盧顧臉頰浮現紅暈。彼特也有點尷尬地看向隔壁桌，一位懷孕的婦人獨自用餐。

「你知道母愛來自於杏仁核嗎？」彼特像是發現什麼似的說。

「嗯嗯，媽媽產後腦內的杏仁核會被活化，形成一種正向的回饋系統。媽媽對寶寶的需求極度敏感，寶寶一哭，睡再熟的媽媽都會立刻醒來，媽媽也會很迷戀寶寶，不自由主地說出甜蜜的話。」

「如果你能讓動物激活人類的杏仁核呢？」

盧顧和彼特往後的約會，都在錄製各種動物的可愛影像中度過，成功以非藥物性且最有效率的影音接收模式，讓動物療癒模樣活化人類的杏仁核，幫助大腦分泌大量多巴胺和腦內啡等各種有益激素，產生幸福感受。

彼特覺得自己是這項實驗的最大受益者。兩年後，在第二十四次「可愛動物救地球」計劃終於宣告成功的那天，他在發表會上向盧顧求婚。

＊

坐在初次約會的早午餐店裡，盧願輕叫了一聲，彼特緊張地衝過去她身旁。

「沒事，你兒子剛踹我一腳，害我好想上廁所。」

「好像該想想要幫他取什麼名字了，這樣你罵他時可以直接稱呼，不要再說我兒子。」

「知道我懷孕的那一天我媽就幫我們想好了。她說我們會有機會相識，是因為她在我四歲時帶我來澳洲玩的關係，所以我們不能拒絕。不過我也覺得是個好名字。」

「科比？」

「你很了解你的岳母耶。」

「她第一次見到我時就直誇我的姓氏太棒了，她喜歡科比・布萊恩，喜歡到想被人稱為布萊恩太太，沒想到這個願望，她女兒幫她如願了。所以你剛說媽媽幫我們想好，我馬上就能猜到。」

「天啊，我媽真的很誇張，我爸也在場嗎？」

「你爸看到他此生的最愛被追走了，滿腦子都在想要如何擊退我，根本聽不見他的次愛在說什麼。」

「辛苦你了。」

「媽媽真的幫我很多，不然你爸根本不可能同意我和你結婚。我很願意幫她完成夢想，而且我也覺得是個好名字。科比是一個偉大的球員，也是一個好爸爸，我希望我們兒子將來向他看齊。」

「他退休時的背號是24號，你是在我計劃展開第二十四次實驗時加入的，這也是我喜歡這個名字的原因。」

「你要不要先去上個廁所，我們差不多要去墨爾本公園了。」

「嗯。」盧願起身，隨即又輕呼了一聲，對著自己的肚子氣呼呼地說，「科比・布萊恩，不要再踢媽媽了！」

第二章——東京巨蛋六十週年展，前職棒球員之死

死神山葉的工作日誌

我看見沒有帶傘的池上由機米站在新宿車站前，手伸出來探看雨勢，就撐起傘向他走去。

池上向我表達謝意，請我陪他到便利商店他就可以買傘回飯店。到了便利商店，他買了兩瓶啤酒問我有沒有空，他請我喝瓶酒再走，我們就在店外長椅坐下來邊喝邊聊。

池上曾是一名職棒選手，新人年就跑出中央聯盟盜壘王，還擊退巨人當家游擊手長年的明星賽先發資格，前景一片看好。

然而在棒球界流通著一個傳說，有對東方神經夫妻檔，只要去哪看球哪裡就會發生不幸。當時因為和池上同屬阪神虎隊、來自台灣的陳偉英初登板，那對夫妻從台灣追來，在他們東方神祕力量之下，陳偉英果然也受到影響，第一局就被三連發全壘打打爆下場。回到休息室，平時斯文的陳桑難得甩手套發洩情緒，打中水杯濺起憤怒的水花。後來，池上不小心踩到那灘水而滑倒，這一滑竟然造成左腳蹠跗韌帶拉傷，不但無法挑戰盜壘王三連霸，之後戰力也變差，隔年就被交易出去成為浪人球員。

我聽著聽著覺得這段遭遇實在耳熟，不過沒想太多，繼續聽池上抱怨，以便確定他是不是該死。

職業生涯草草結束，池上的人生從此一蹶不振，了無生趣的他在無意間得知棒壇前輩五十嵐真貴的慘案，和那對東方神經夫妻有關，很理所當然認為自己的不幸全是那對夫妻造成的。

池上吸完一口菸，又再開了一瓶啤酒。我本來很想走的，但是聽到五十嵐真貴的名字就想起來了——他的死也是我判定的，有這麼巧的事？忍不住好奇繼續聽池上說下去。

那對夫妻自從在二〇二八年洛杉磯夏季奧運，引起了「十項神祕事件」（編注：參考頁223，〈洛杉磯夏季奧運，十項神祕事件〉）後，就沉寂了一段時間。但是池上和我說，他十分篤定，他們一定會在明天東京巨蛋六十週年展中出現。今年是人間的二〇四八年，東京巨蛋啟用六十週年，適逢世界棒球經典賽在東京舉行，巨蛋內的野球博物館擴大策展，除了日本本國，也將場館內劃分為世界前八強各國的專屬展區。不但有那對夫妻所屬的國家台灣展區，在美國展區還有一項特別的展品，是和甲子園歷史館借調出來的科比至阪神虎隊開球紀念球，而那位太太正是科比的忠實球迷。

前NBA球星科比・布萊恩的名字取自於他母親非常愛吃的神戶牛排，神戶的英文拼音是Kobe（科比）。所以科比某年至大阪宣傳新款運動鞋時，受邀到位於大阪與神戶交界的甲子園棒球場，為地主阪神虎隊開球。雖然覺得兩人的死都與那對夫妻有關頗有意思，但我對人間唯一感興趣的是音樂，關於運動的事我無心了解，實在無法再聽他叨唸下去，表示天色已晚，就起身離開。

雨已停，醉意頗深的池上紅著眼，再次謝過我，並低聲說明天他將完成復仇。

我真搞不懂棒球員，人生難道只能打球嗎？受點傷打不好球，好手好腳還是有很多事可做不是嗎？這人的際遇比五十嵐真貴還不值得同情，沒什麼留在人間之必要，我戴上藍芽耳機播放人間目前最紅台灣樂團「六角形」的新單曲，向監察部送出「認可」的報告。

北和醫大法醫母野香琴相驗解剖報告

死者：池上由機米

性別：男性

年齡：四十二歲

死因：雖然死者跌倒時導致手中握住的水果刀刺中上腹部，造成不少出血。但死者真正的死因為高血壓造成血管向外突出，使腦動脈瘤破裂，顱內大量出血而死。判斷死者跌倒亦為腦動脈瘤破裂因而昏迷所致，無任何外力影響。

備注：腦動脈瘤是一顆無聲的不定時炸彈，通常在破裂前一刻，一點預兆和感覺都沒有，沒有定期做過仔細的健康檢查也很難發現。腦動脈瘤好發在四十歲以上，有動脈硬化、先天性血管異常或三高中年人。建議工作高壓，且飲食作息多不正常的檢警人士引以為鑑，宜戒菸、戒酒，並定期做健康檢查，為自己、家人和國家愛惜身體。

前刑警加賀恭八郎訪談證人紀錄

阿部寬刑警我們又見面了，沒想到你還沒退休啊，我都已是老婦人了，你還記得我嗎？對我印象深刻？都退休了還特別來看看我，真不好意思耶，嗯嗯，也算是一種奇妙的緣分不是嗎？

謝謝誇獎，我是退休後去學日文的，因為是推理小說迷，都靠看宮部美幸、東野圭吾、中山七里、伊坂幸太郎和湊佳苗的原文書練習。不過千萬別誤會，我在現實生活中可是奉公守法的好公民，雖然總是離命案那麼近……。我對五十嵐真貴的死也真心感到抱歉，但你應該知道池上由機米的死也和我無關吧？

嗚嗚嗚，雖然法醫能還我清白，但酸民們又要把我定罪了。自從在洛杉磯奧運「十項神祕事件」中被肉搜出來，我們夫妻再也不敢去看任何運動賽事，你知道身為一個運動迷，被指控會帶衰自己支持喜愛的運動員是件多麼痛苦的事嗎？

我們忍了二十年，只能偷偷透過轉播關注，再也沒去過任何現場了。這次來到東京，也打定主意，就算台灣隊打進冠軍戰也絕不入場！我們會進東京巨蛋，真的只是為了看一眼我此生最愛的科比紀念球而已。

池上向我走過來時，從他充滿殺氣的眼神，我就認出他來了——那眼神和五十嵐當年看我的樣子一模一樣，所以我大概猜到他想對我做什麼了。「看到科比紀念球我已無憾，如果能夠死在球員的手下，也是一種美好的贖罪，希望此生被我們夫妻害到的運動員，都能得到一點安慰。」當時我是這麼想的。只是實在太害怕，所以池上亮出手中刀子時我緊閉雙眼，迎接死神降臨。結果只聽見碰一聲，張開眼就看到他倒在我面前，我真的真的完全沒有碰到他，只能說他真的太倒楣了，可能是復仇心切腳步沒踩穩摔倒，刀子反刺到自己了吧？現場很多證人都可以證明我的清白。

逃過一死後我突然改觀，為什麼要跟著酸民一起否定自己？我本來很少看日本職棒，池上受傷後我非常關心他的發展，他的球員生涯雖然不如預期，但前前後後也打了十年的球，以他動不動就有喝酒鬧事、不倫戀的醜聞來說已經不錯了。還有，洛杉磯奧運，不正因為我們夫妻，而創下史上最多全球收視紀錄，至今無人能破嗎？

算了算了，反正我已是垂垂老婦，繼續乖乖待在家狂嗑日本推理小說，偶爾看看運動轉播就好，說什麼該以死贖罪也太超過了。

謝謝你認同我的想法。你說會想來看看我就是怕我想不開？真的是很貼心啊～

那是什麼？腦動脈瘤？所以池上的死真的完全與我無關，謝謝你特地來告訴我。

阪神虎隊請我去甲子園看開幕賽？為什麼！?他們不怕我們夫妻的傳說嗎？哈哈哈！

肯德基爺爺魔咒？喔喔，我知道，一九八五年阪神虎首度拿下日本一，因為球迷太興奮亂搞，把球場附近的肯德基爺爺雕像投進河中，阪神虎就再也沒有贏得日本一了。我懂了，我以前是做廣告的我知道，打得好就是阪神虎厲害克服魔咒，打不好也能怪到我們頭上。總之傳奇球迷現身，對他們來說是行銷話題，用一場比賽來賭很划算。

那我想提出一個更棒的宣傳手法，請你幫我轉達。

請他們也邀請科比再去甲子園開球，傳奇球星加傳奇球迷，聯手幫助阪神虎破解六十多年的爺爺魔咒！

第三章——《愛在球賽結束時》八月二十三日全球首映

「Wow！我有在主持新球鞋發表會的錯覺，台下的球迷朋友們真的是來看電影的嗎？」電影特映會主持人丹尼笑著問。

這部電影的編劇伊森，從舞台後方探出頭來望向台下滿坑滿谷的人群，搜尋著。

主持人丹尼的聲音持續著：「……讓我們歡迎《愛在球賽結束時》的導演李察・林區、男主角奈森・霍克、女主角林雨希，以及製片人科─比─布萊恩！」伊森伸長脖子繼續探索。

記者會結束，工作人員簇擁著導演和明星們離開，此時科比轉頭拍拍伊森的背說：「你會找到她的。」

伊森留在影廳外閒晃，終於看到他期待的臉龐。

「你把我殺死了。」茱莉故作生氣地說。

「別告訴別人，我只跟你劇透，這部片的續集，你會在八年後復活。」伊森以氣音在茱莉的耳邊說。

＊

隱身在巷內的老宅咖啡館裡，伊森與茱莉相對而坐。

「怎麼樣？台灣的咖啡不輸巴黎左岸吧。」茱莉盯著剛喝完一口咖啡的伊森。

伊森放下咖啡點點頭，「嗯～台灣的女人也完勝法國。」

茱莉笑而不語。

伊森環顧四周，整間店只有他們一桌客人。「這咖啡館好有味道，而且咖啡真的好喝，怎麼生意……」

「老闆今天不營業，我們包場。」茱莉指著在烘豆的老闆老梁說，「他是我以前廣告公司的上司，幾年前不做廣告改開咖啡店，說是要一圓年輕時的夢。他大學畢業後曾經去巴黎學設計，因此愛上咖啡，說關於設計他學得最好的就是拉花技術。本來好擔心他投入全部家當，中年轉業會完蛋，沒想到他做得有聲有色，一連開了三間分店，這是他烘豆用的基地，把剩餘空間用來兼售精品咖啡，只服務熟客。」

「就是那個去調色盤咖啡拍廣告片的老闆嗎？」

「你還記得？」

「你的事我全記得，如果你有看我的小說就知道。」

「當然有看，寫得很好，雖然看到自己被殺死的感覺不是太好。」

「我本來想寫愛情小說的，結果現實生活得不到靈感，只好回到推理世界把我的繆思女神殺了，才能好好過下去。」

兩人各自喝著咖啡，在一陣尷尬沉默中，茱莉開口。

「我照你提議的試過了，我可是每年都去洛杉磯的那個人，你卻從沒試著來台灣寫作，還讓我在小說裡與你溫存一夜後慘死飯店。」

「別說你來洛杉磯是為了我，科比受傷後你就不再來了。」

「所以我說美好的事就留在巴黎吧，真實世界裡是不會有愛情喜劇的。」

「我不同意。你明明知道我認真思考過去台灣，每次送你去機場我都想跟你上飛機。是你一直說在台灣寫小說會餓死，我可能要教美語才能勉強度日，我為了愛情不會因為麵包而變質，也不想將來沒能繼續寫作而怨你。所以我給自己設了年限，決定取得事業上的成功後再把你拐來美國。」

「原來你覺得我行情這麼差，這八年間我都不會被別人拐走？」

「結果，我沒有自己想得有才華，小說問市後成績不怎麼樣，沒想到同年科比的阿基里斯腱斷裂，球季報銷，你就說不來洛杉磯了，我才知道自己在你心中的份量，科比受傷，我受的傷也不輕。」

「所以就音訊全無，還再寫一本小說賜我死？」

「我以為在小說裡和你做個了斷，才能徹底忘了你，也斷了當小說家的念頭。沒想到這本書莫名暢銷，我試著請出版社幫我接洽台灣出中譯本，想說你看到書一定會和我聯絡。」

「其實你來台灣辦簽書會時我有去，只是當時我有男朋友，就算沒有，我也不知道我們還能怎麼樣。」

「你有來？我傳訊息、寫email，還請台灣的朋友幫忙把廣告公司全查過一輪，想盡辦法看怎麼可以聯絡到你，甚至自責我把你寫死了，是不是真的為你帶來了什麼不幸？」

「我離開廣告圈了。」

「我知道，後來台灣的朋友說看到你出了本運動旅遊書，買來寄給我，還特別把你寫去巴黎看足球賽的那篇翻譯給我。不過在你的書裡我只是個同行友人，聽說你在洛杉磯湖人隊的篇章，寫了十則與科比有關的故事。」

「哇！我從來沒想過我的書有機會賣到美國去，哈。」

「我也沒想到我人生最大的情敵科比退休後會轉戰電影圈，還得了一座奧斯卡金像獎，而且居然對翻拍我的小說有興趣。」

「恭喜你。」

「我本來已經放棄尋找你，但是科比找上我時，第一個念頭不是自己的小說有機會被拍成電影，而是我有機會再見到你了。因為我沒辦法吸引你，科比一定可以。好可悲。」

「我剛可是沒看科比幾眼，而是到處在找你喔。」

「謝了。好啦，如果你想見科比，等等可以來我飯店。」

「科比退休後，我就不怎麼看NBA，寫一本運動旅行書算是一個紀念，與他告別。」

「現在在台灣寫小說是不是不會餓死了？你都敢離開廣告業出來寫書。」

「噢不，寫書只是副業，正職還是做廣告，只是自己接案子。不過，這本書最近讓我得到一份新工作。」

「喔？什麼樣的工作？」

老梁走過來向茱莉示意要打烊了，茱莉和他道謝後，與伊森步出咖啡館。

「你會待幾天？有什麼計劃？需不需要地陪帶你去晃晃？」茱莉提議。

「我唯一的計劃是請你看電影。」

「你應該不會待那麼久，八月二十三日台灣才會上映。」

「如果事先聯絡得到你，就可以請你看剛剛的特映了。」

「你可以請我到洛杉磯看。」

「當然沒問題，如果你願意來的話。」

「剛剛提到的新工作，是要去MLB洛杉磯天使隊的行銷部門，經營華人市場。正好也是八月二十三日上任，所以我下週就要飛去美國了。」

伊森露出不可置信的表情，茱莉笑著勾著他的手臂拉著他大步向前：「走吧，帶我去飯店找科比，跟他說你的下一本小說，我要復活。」

胡里安・羅德里奎茲感動地看著新娘吉昂那挽著父親——前NBA球星科比・布萊恩，緩步迎向等在終點的兒子布魯諾・羅德里奎茲時，思緒回到了十八歲那年秋天。

球技一流卻命運多舛的胡里安，幾次都和成為足球員的機會擦身而過，還因而成為一名竊賊。在他因為遇到一名亞洲衰男，而決定重新追逐足球夢的那個秋季夜晚，胡里安的人生終於擺脫悲情。

他將偷來且裡頭只有五歐元的皮夾還給那個亞洲男人後，在返家的路上，因為好心幫助一名兼職球探追回跑丟的狗，而獲得了巴塞隆納青年A隊的測試機會，自此展開圓夢旅程。他成為一名職業足球明星，擁有兩座歐冠盃冠軍以及二〇三〇年世界盃最多進球紀錄，一路踢到在巴塞隆納隊退休後，又被美國洛杉磯銀河隊請去擔任教頭。

子承衣缽，兒子布魯諾後來也進入銀河隊，還在ESPY年度卓越體育表現獎的派對上，結識了WNBA的球星吉昂那・布萊恩，隨後締結良緣。

曾經毫無未來可言的小偷，竟成超級球星，甚至與另一項運動領域的偉大運動員成為親家，這一切完美得有點不真實。胡里安從口袋拿出手帕給一旁的妻子拭淚，同時將他的護身符拿出來看看——一張改變他命運的五歐元——讓他確信自己值得擁有現在的人生。

步出禮堂，已有大批媒體記者和球迷等候在門口，一個南美裔小男孩從人群中竄出頭來，他不是擠向新人，而是用西文大聲喊著胡里安的名字。

胡里安見著了他，驚訝地走過去並向保全示意，隨即將小男孩帶到旁邊。

「我媽媽要我還你這十八元，這些錢是我幫人家洗車自己賺的，絕對不是偷來的，你可以放心收下。」小男孩舉起手中一袋紙鈔和零錢。

「我說過那是我送你的禮物。」胡里安開心地說。

數日前，胡里安想在銀河隊的商品店裡，挑些小禮物送給從西班牙來參加婚禮的親友小孩，在選購時聽到熟悉的西文。

「是你答應如果我學校上課和足球隊都有全勤，就讓我來銀河隊選禮物的。」一名南美小男孩和媽媽小聲爭執。

「我只有說可以帶你來看看，沒有說一定要買，這些東西都太貴了。」

「我已經選最便宜的了。」小男孩手中拿著穿著球衣的吉祥物玩偶央求著。

「你看，媽媽真的沒有錢。」母親將錢包打開來給男孩看，「乖孩子，我回去做一件小球衣給你的布偶穿如何？」語畢，她就快步走向店門口，催促著不肯離開的兒子。

胡里安看見男孩把玩偶塞進外套裡，追上已經步出店外的媽媽，此時門口警報器大響，保全隨即衝過去將男孩抓回店裡。

母親見狀連忙向保全賠不是，一邊怒斥男孩。

「不好意思，是我請他幫我挑紀念品給小朋友，他媽媽不知情離開，所以他大概是情急之下追了出去，忘了手上有東西。」胡里安迎向前跟保全說。

「這是個好選擇，那我就買這個，你手上的送你，謝謝你幫忙。」胡里安又對小男孩說。

保全看到出面解圍的是自家教練，也不好將事情鬧大，就放了男孩，胡里安又再拿了幾隻玩偶，連同男孩手中玩偶一起結帳。

「謝謝你，對不起，我身上只有十元現金，剩下的錢我再拿來還你好嗎？」母親難為情地在店外輕聲對胡里安說。

「不用還，是我送他的。」胡里安對母親說完，接著轉頭對男孩說，「如果你下學期繼續保持全勤，可以再來跟我領禮物；但是如果你沒有認真學習或練球，我就要請你媽媽還我很多很多錢。」

「我一定會認真練球，當我成為像布魯諾一樣棒的球員時，你再送我禮物。」時空回到婚禮教堂外，小男孩自信地將手中的十八元再次推向胡里安。

「好！我相信你一定會的。所以我先預送你一個禮物，明天早上你到銀河隊來找我。」胡里安拿出手機準備撥打給銀河隊青年軍教練，滿心期待自己能再創一個足球夢。

第五章——巴斯克國之台友八朵花

七十八歲的前NBA球星科比‧布萊恩身體依舊硬朗，他和夫人凡妮莎的私人飛機，剛降落在畢爾包機場。小時候在義大利長大的他，對歐洲有深厚的情感，只是他不太明白，為什麼原隸屬於西班牙共和國，於八年前獨立建國的巴斯克國，會邀請他參加國慶。

稍早在機上，看完巴斯克外長傳給他的巴斯克獨立建國紀錄片後，他才知道，遠在亞洲的台灣國，有八個女人，居然對巴斯克獨立有不少貢獻，而且她們都不約而同提到了科比與此或多或少有些關聯。

科比滿喜歡台灣，他球員生涯曾造訪過那座小島三次，很受到當地熱情球迷的感動。他第一次去台灣，與當地原住民小朋友互動時，得知他們學校體育館因颱風嚴重毀損，當下立刻捐贈善款協助他們重建。隔年他再訪台灣，那所學校新球場的地板上印上了他單場最高得分數字「81」，小朋友獻上戰舞表達謝意，只是他想不到他的影響遠不止於此。

紀錄片中一段篇章〈台友八朵花〉裡的主角馬鈴薯，是一位畢爾包的中文老師。她是幫助原本已四散凋零的巴斯克和平獨立埃塔組織，重新連結的關鍵人物。

西班牙不只足球是歐洲勁旅世界強權，籃球也很強，國家代表隊曾多次贏得歐錦、世錦賽冠軍，也屢屢在奧運賽場上威脅到美國夢幻隊的地位。

馬鈴薯的學生渥菲的祖父，也就是埃塔組織的領袖班吉，在巴斯克尚屬西班牙時期，是少數非畢爾包競技隊的球迷，而是一名籃球迷。由於畢爾包沒有甲級籃球隊，他最喜愛的球員是巴塞隆納的德瑞克・蓋索。蓋索在二十歲時被美國NBA相中，職業生涯的巔峰，是和科比攜手帶領湖人二連霸時期，因此成了西班牙家喻戶曉的籃球明星。

平常沒在關心NBA的馬鈴薯，唯一認識的球星就是科比，因為她的大學同學安安是科比的死忠粉絲。與馬鈴薯開發中文教材的另兩位同窗好力和小花，也是運動賽事絕緣體，但她們都因為安安知道科比是誰。

「管他足球、籃球還是棒球，反正只要是教到球類運動有關的中文，我們都用科比動畫人物來示範，雖然美國人教西班牙人講中文很荒謬，但是學生覺得很好笑反而很喜歡。」負責動畫製作的好力在紀錄片受訪時說。

「後來我覺得太北七了，就問了安安，科比和西班牙可以扯上什麼關係，才知道運用蓋索創造出『科比與蓋索的運動會話小教室』。」馬鈴薯回憶說。

一日，班吉看到孫女渥菲在練習中文會話，教材裡面出現兩位熟悉的人物。引起了他的注意，後來又得知這個老師堅持教授繁體中文，更讓他好奇，才成為了認識馬鈴薯因而引發後續組織再起的契機。

「我想科比一定想不到他的重要性吧？」小花笑著說。

「科比想不到的事可多著呢。」瀞拉著安柏說。

安柏和瀞，一位是為品牌擔任化妝師的創意總監，一位是頂尖設計師4A貓的經紀人，她們兩位是巴斯克國大外宣的重要顧問。安柏第一次代表台灣得到廣告獎最高榮譽坎城廣告獎，就是科比代言的運動品牌與台灣高中籃球聯賽結合的創意，這也是該品牌首次讓美國以外的國家主導創意作品，讓安柏一炮而紅。而滯經紀的設計師能取得該品牌亞洲跨界合作計劃，除了本身的能力，還有很大的因素是他的設計理念，充分展現了對科比的了解，其實4A貓根本是完全不懂運動的男同志。

安柏和4A貓能發揮創意，全是因為安安做幕後軍師。班吉在看過兩人作品後，完全信賴即使是外國人，一樣有能力幫助組織行銷理念，於是大大重用他們。

幫助巴斯克在科技與醫療產業快速起飛的台晶電歐亞業務資深副總阿妹，和知名藥廠諾台的執行副總裁珍妮，也都曾受惠於科比。熱愛戶外運動但不怎麼看運動賽事的阿妹，靠安安提供的指導建議，拿下一筆訂單——那是科比退休後，轉戰影視產業所需的擴增實境技術。這讓阿妹以最年輕女性之姿升上副總。

科比的太太凡妮莎在推動墨西哥家鄉的公益計劃時，選擇合作的藥廠即是諾台。珍妮以科比的四個女兒為題所發想的醫療資助策略，深深打動凡妮莎。不過珍妮不是透過安安的幫忙，她的另一半林恩也是湖人球迷。但是再扯遠一點，珍妮會與林恩相識，是因為珍妮擔任安安的婚禮主持，林恩則是安安的球友。

馬鈴薯、安安、好力、小花、安柏、瀞、阿妹和珍妮，人稱「台友八朵花」，透過各自的人生成就，影響了後來的巴斯克獨立建國，與其說都和科比有關，更應該說一切都是因為安安是科比球迷的關係。因此紀錄片裡花了不少篇幅，介紹了安安是如何從一個運動迷，成為畢爾包在台灣的姊妹市體育局長的故事。

步出下塌飯店，要去參加巴斯克官邸晚宴的科比，非常期待與他同桌的球迷安安相見。

第六章——不北七的情報數字 33643

荷普

荷普的父母親都是超級運動迷，爸爸客特愛運動，媽媽喬安娜愛看運動比賽。荷普打從娘胎就認識她現在的老闆——前NBA球星科比・布萊恩。

荷普的姨媽費歐娜住在洛杉磯，讓媽媽有地利之便得以每年都飛去洛杉磯，看她此生最愛的科比在湖人隊的比賽。從單身到和爸爸交往，一直到生了荷普，都沒有停止過。媽媽懷胎八月時，姨媽送給爸媽的聖誕禮物，是湖人對勇士的耶誕大戰，於是荷普就在肚子裡聽了她人生第一場NBA。

滿一歲抓週時，荷普沒有抓任何東西，爸媽說也許她的職業在當時還不存在。果然她日後的工作在她五歲時才被發明出來——現在已是很普遍的數位商品電子認證。受到父母都從事廣告業的影響，荷普大學是在美國讀數位設計，後來進入好萊塢電影產業實習。當媽媽得知退休後轉戰多媒體原創內容市場相當成功的科比，想販售電子認證的動畫商品，因而開出許多相關職缺，馬上幫荷普送出由爸爸為她拍攝的履歷影片。荷普雖然受不了父母的行為，但實在是很喜歡這份工作，還是去參加面試，也順利取得職位。

佐伊

父親阿利是台灣首屈一指的攝影師，母親費妮是心理學家，佐伊是一個從小五感就比一般人敏銳的男孩子。為了讓佐伊能更適性發展，加上父母親的工作不是朝九晚五的上班族，得以選擇舉家搬到宜蘭，讓他接受非體制內的德式教育。

佐伊不愛也不必讀教科書，但他課外興趣多元，尤其在小學三年級開始迷上棒球，一直持續到小六還是願意每天早起練習。費妮雖然支持佐伊的棒球夢，但也不免擔心他的未來，因為對當時台灣職棒環境並不是太了解，所以找來比較懂運動產業的好友喬安娜和客特來商量。他們夫妻認為，喜歡棒球可以有很多形式，成為球員是一條路，棒球周邊也有很多相關事業能參與，他們分析了許多可能性，佐伊只得出了一個關鍵結論，「語言」對任何職業都有加分作用。上大學後他結合自己所學的運動管理，與資工系室友米卡的專長，共同開發一套針對運動員所需的即時翻譯應用程式，後來又擴展開發到各行各業。

這項成就不只是讓佐伊和米卡擠身全球前十富豪，甚至成為繼半導體龍頭台晶電之後，台灣又發展出一項全球不可或缺的科技產業，使得台灣在世界的重要性迅速攀升，也間接促成了台灣的和平獨立。這項軟體技術之所以讓競爭品牌難以仿效，原因不只是米卡和龐大團隊的專業能力，還因為佐伊握有別人沒有的祕密武器——他的雙胞胎妹妹，言言和寧寧。

言言與寧寧

這對自小就在童謠裡「我家門前有小河，後面有山坡」夢幻景象中長大的雙胞胎姊妹，生於一個資訊爆炸，數位急遽發展的世代。資訊焦慮、虛實宇宙擴大了人類心靈的貧富差距，少子化、社群媒體延伸出各種心理疾病，愈來愈多人分不清現實與虛擬世界的差異，導致有心理健康問題的人倍增，在言言和寧寧大學時，自殺已經成為十大死因第一位。

由於能在宜蘭的自然環境中成長，不受網路影響太大，加上媽媽的基因和雙胞胎獨有的心電感應，讓言言和寧寧有很強的感知能力。兩人的個性與名字恰好相反，言言異常靜謐，寧寧能言善道；言言善於傾聽，寧寧能抓對重點提問和建議。她們運用人格特質合作開的心理諮商中心，是全台灣最大的身心專科醫院，還應用哥哥的翻譯軟體跨海為各國病患提供服務。豐富的臨床經驗，使她們很能辨識言語中的弦外之音、雙關語、反話、玩笑和流行語。這項技能不但有利於她們的事業，也意外幫助哥哥創造軟體的差異化，協助米卡不斷改進，建立無人能及的龐大資料庫。

夏綠蒂

夏綠蒂是九月二十三日出生的孩子，完美詮釋了處女座跨天秤座的性格。她有處女座的追求完美，也有天秤座的公平客觀，從小就是一個自律守規矩的乖孩子，很多父母都十分羨慕肖恩和費歐娜有一個這麼棒的天使小孩，但夏綠蒂本身的成長過程中難免受性格所苦，所幸她有好幾個北七家人能磨練她，降低她對完美的標準，幫助她快樂平安長大，並發揮她性格上的專長，成為一名虛擬貨幣投資風險精算師。

表姊荷普大學時來到洛杉磯讀書，而後定居於此，如今兩人都已各自成家立業。這天，已是科比公司影像部門主管的荷普下班後，來到夏綠蒂家晚餐。

「我老闆今天把我找去，說道奇隊的老闆問他想不想買下他們球隊耶。」餐後荷普逗弄著夏綠蒂的兒子迪倫說。

「哇！為什麼要賣？還有關你什麼事？」夏綠蒂驚訝地問。

「你也知道MLB改制成一半賽季在圓宇宙打以後，道奇戰績一直都不是太好，道奇老闆覺得自己是舊世代的人，對這種玩法一竅不通，家族裡也沒有人想接班，想趁道奇還值錢時賣掉，也順勢退休。所以看看我老闆有沒有興趣，我老闆跟我說他連湖人隊都沒想過要投資，他也不是太喜歡圓宇宙這種制度。他覺得現在有一半職業運動球團都被矽谷那票人買光了，或許其他科技大國會有人感興趣，想說我是台灣人又懂棒球，問問我有什麼想法。」

「你老闆想法完全正確。」

「是啊，我馬上告訴他有一個人一定有興趣。」

「佐伊哥。」

「在我問他之前，想先請你幫他算出一個最佳數字。」

數月後，佐伊依據夏綠蒂建議，以圓宇幣33,643元買下洛杉磯道奇隊經營權。

莎莉絲

莎莉絲小時候住在台灣那六年，經常和阿姨喬安娜夫妻去宜蘭玩，當時小她兩歲的佐伊是最好的玩伴。莎莉絲還被他們帶著參與各種社會運動，也曾在姨丈客特所拍攝的政治人物競選廣告中客串演出，從而啟發她關注社會議題。

莎莉絲大學選擇攻讀法律，執業幾年後決定從政，在華人眾多的洛杉磯順利選上參議員，因為自身背景因素，努力在國會推動台美關係，為台灣獨立運動奔走。台灣獨立後，莎莉絲離開華盛頓回到故鄉洛杉磯，成為該市歷史上最年輕且第一位女性市長。這一天，她受邀為道奇隊開幕戰開球，在賽前記者會發表演說。

「道奇隊和台灣一直有很深的緣分，道奇擁有最多台灣來的球員，還曾經出現過台灣籍總教練。我和道奇隊也有很奇妙的連結，我的父親在道奇隊工作二十四年直到退休，我兒時在台灣的玩伴佐伊是現在道奇隊的新老闆，讓這場交易順利完成的人是我的表妹和妹妹，這些你們可能都在各種新聞訪談裡看過。不過有件事你們應該不知道，佐伊小時候來道奇球場看球，當時他自信滿滿地跟我說，『有一天我一定要站上道奇球場的投手丘。』今天他真的做到了。佐伊，你來幫老姊丟球吧！」莎莉絲走下投手丘，將手套和球交給佐伊。

「還有一件沒有人知道的往事，」莎莉絲望向在貴賓室裡的家人心想——「要不是當年我的北七家族阻止了阿里布達的交易，道奇隊現在不會在台灣人手裡呢。」

還有一件沒有人發現的巧合，只有喬安娜知道，佐伊買下道奇隊的金額「33,643」，是科比的NBA生涯總得分。貴賓室裡，老邁的喬安娜看著身旁在開心鼓掌的科比，流下了感動的淚水。場上，佐伊投出他小時候模仿郭元文勤練的七彩變化球，獲得全場如雷的掌聲。

第七章——洛杉磯夏季奧運，十項神祕事件

二〇二八年七月二十一日・洛杉磯紀念體育場

出身洛杉磯，擁有三面奧運金牌的美國女子拳擊名將萍露・丹皇舉著聖火，緩步跑進洛杉磯紀念體育場，在一片漆黑中，觀眾的目光跟著聖火亮點移動。萍露在跑道中央停下來，最後一棒跑者，在她手中的火炬中揭曉。前NBA球星、兩屆奧運男籃金牌得主科比・布萊恩，身穿代表美國夢幻隊的10號球衣，在一片歡呼聲中現身。科比接過萍露手中的聖火，聚光燈隨即照亮他身後一座籃球架。

科比右手高舉聖火，左手運球跑向籃架，最後將聖火放在籃球架下的裝置上。現場大螢幕播出一九九七年NBA灌籃大賽的經典畫面。影片結束科比從籃架左側啟動，到禁區右側後起跳，在空中飛行的同時將球從胯下換到右手，迅速將球灌進籃框！五十歲的科比不但完美重現自己十八歲時，成為史上最年輕灌籃大賽得主的世紀之灌，球落下時還精準擊中籃下裝置，聖火一躍而起直飛衝上聖火檯，燃起耀眼火光。

兩週前，剛看完大聯盟天使隊球賽的東方神經夫妻，在姊姊家中一同收看奧運開幕轉播，妻子一邊咬著In-N-Out漢堡，一邊感動地痛哭流涕。

跳水・女子十公尺跳台決賽

跳台上，是來自台灣的選手王渼茜（台灣首度能參加奧運跳水項目的代表）。渼茜低頭準備時，突然跪在跳台上直發抖看著下方。觀眾隨著她的目光望向池內，一隻鱷魚從跳水池中凌空飛起，作勢要咬她，所有人一陣驚呼。

東方神經夫妻一邊舉起手機自拍，一邊大喊「渼茜加油！」一邊被安全人員驅離場館。

桌球・男子單打十六強戰

巴黎奧運銅牌日本選手岡山高雄，和銀牌台灣選手林云儒，提前在十六強戰交鋒，雙方激戰至第五局10：10平手，戰況精采程度彷若金牌戰。在台灣被稱為小林同學的奧運三朝元老，上屆挑戰金牌失利，誓言要在洛杉磯雪恥，他準備發球搶攻第十一分。

小林同學專注蹲低，視線與手中的球及球桌成水平線，此時，有一雙眼睛也緊盯著他。

Time-out！裁判員以聲音取代手勢，急喊暫停。

桌球檯上出現一隻青蛙，鼓起和桌球一樣大的雙頰，對小林同學發出一聲蛙鳴。

此時不知哪裡來的上百隻青蛙，同時自空中掉落，整座桌球場館內下起了青蛙雨。

東方神經夫妻一邊舉起手機自拍，一邊大喊「小林同學加油！」一邊被安全人員驅離場館。

射箭・男子團體八強戰

三屆金牌組合南韓隊與東奧銀牌組合台灣隊的八強戰彷若決賽，南韓首位上場選手金岑文，面對曾在男子個人賽中擊敗自己的對手黃從凱，不敢掉以輕心，從心跳偵測器顯示的數字，就能看出他有多緊張，他屏住呼吸，放出手中的箭。

十分！箭枝筆直地正中紅心，但是箭上插著一隻鴿子。

射箭場瞬間變成名導吳雨森拍電影的片場，數百隻奧運開幕式的和平鴿，從箭靶前方慢動作飛起，廣播系統還放出經典港片《英雄本色》的主題曲。

東方神經夫妻一邊舉起手機自拍，一邊大喊「三箭客加油！」一邊被安全人員驅離現場。

柔道・男子六十六公斤級決賽

來自台灣的選手周光華一路過關斬將，在金牌戰中對上第一種子日本選手田中彰化。

周光華想使用固技壓制田中彰化，不出三秒立刻被他化解，雙方扭擠成一團。裁判上前分開他們，兩人倒地喘息時，一隻樹懶緩步爬上周光華的身上，神態自若地緊緊纏住他。

東方神經夫妻一邊舉起手機自拍，一邊大喊「達悟勇士加油！」一邊被安全人員驅離現場。

跆拳道・男女羽量級與輕量級決賽

奧運各賽事場上接連出現怪事，已有傳聞指出，只要有台灣選手出賽的項目，就會出現動物大鬧場，今天的跆拳道賽事共有五名台灣選手參賽，使得主辦單位相當緊張，嚴陣以待。

結果賽事順利落幕，台灣選手共拿下一金一銀二銅佳績。

洛杉磯天使隊球團總經理辦公室

「再過幾天就是棒球四強戰了，美國隊裡可是有我從多明尼加找來的寶貝第四棒啊！」球探總監傑夫氣急敗壞地向比爾說。「而且棒球比賽可是在我們家打耶！」

「早知道當初別接下道奇隊丟來的麻煩，塞車問題我們也無解啊。」

「現在不是後悔的時候，我們有過一次經驗了，只要奧委會配合，一定可以度過。」

「聽說昨天的跆拳道賽什麼事都沒發生啊。」

「那是因為賽程亂掉他們沒辦法去看比賽。你看看拳擊賽轉播。」

拳擊・女子蠅量級金牌戰

比爾看著辦公室裡的大螢幕，下巴快掉下來。

一隻袋鼠揮拳將裁判擊倒在地。

羽球・男子雙打金牌戰

如希區考克電影裡的鳥群，大舉飛入球場，用嘴拔光場中所有球的羽毛。

舉重・女子五十九公斤級決賽

一隻加州棕熊闖入場館將槓鈴扛走，只為敲開場外的大型垃圾桶蓋，將裡頭沾雞塊用的蜂蜜芥末醬拿起來吃。

高爾夫・最終回合

數百隻地鼠鑽出場地三二八個洞。

體操・男子鞍馬項目決賽

大猩猩拿起場邊的滑石粉，做出前NBA球星喇叭詹上場前的招牌動作。

棒球・四強戰，美國對台灣

美國身為棒球運動的發源地，棒球經典賽搞到第四屆才拿到冠軍，二〇〇〇年雪梨奧運後就再也沒拿過金牌，今年在自家比賽，非常有機會徵召大聯盟球員加入。美國奧委會主席錢德勒禁不起國人要求，將本來未列入初始名單的棒球項目又拉了回來。

經歷十二天的驚滔駭浪，賽事最終都不順利地順利完成了。剩下兩天的比賽項目沒有台灣選手參與，除了棒球。

這幾天，錢德勒聽從天使隊總經理比爾的建議，曾考慮將有台灣選手的賽事改成閉門戰，但是發生的神祕事件反而炒熱賽事，有台灣選手出賽的門票喊到天價，緊急加做的kuso動物周邊商品賣翻天。而且除了拳擊裁判之外，其餘事件都沒有人受傷，洛杉磯還因此成為奧運史上全球最多人收看轉播的主辦城市。

錢德勒和比爾沙盤推演多時，最後決定讓疑似是這些神祕事件詛咒來源的東方神經夫妻入場，原因是傑夫認為，台灣會因為他們輸球。

八局打完，果然美國隊以6：2領先，再一個半局就可以進入金牌戰，痛宰小日本了。王牌救援投手威爾站上投手丘，此時本壘後方的電子看板，出現贊助商牛奶品牌的廣告，一隻乳牛手比讚，看著威爾。

威爾腦中閃現過去余樂會被乳牛擊倒的畫面（編注：可回顧頁117〈東方神祕力量〉片段），開始手心冒汗，捕手比什麼暗號他都看不懂，隨意丟出第一球就是觸身球。接連又投出兩個保送，瞬間就形成無人出局滿壘的局面。總教練急喊暫停，上前告訴他再撐一下，讓下位投手有時間熱身。

場邊的傑夫在第一個保送發生時就覺得不對勁，急找維安總監查理確認東方神經夫妻的狀況。在監視器中發現他們離場時，台灣隊當家第四棒林子維就敲出滿貫全壘打。

「沒想到他們如此愛國。」比爾看著計分板6：7的數字感嘆地說。

「剛剛隨隊記者亞當找到聯絡方式和他們通過話，他們說明天無論如何也不會看金牌戰，連電視都不會打開。但是他們特別辦了半年的簽證，會一直留到十月看完季後賽再離開，因為覺得天使隊今年一定會奪冠。」傑夫惡狠狠地回應。

「求求他們放過我們吧。」比爾抱頭。

「亞當說他們開出了一個條件，如果我們能幫上忙，他們就再也不踏進安那罕球場一步。」

「什麼條件？」

「東方神經妻子說，」傑夫面露沉痛，「如果科比願意與她共進晚餐……」

第八章——布萊恩家族第五號新手媽媽

伊恩・譚身處在圓宇宙DET講堂中，當他手指一彈，立刻現身在一個手術室環境裡，在動態影像中，有另一個穿著手術服的他，抱起滿身是血水黏液的新生嬰兒，在他身旁站滿了醫師及護理師，大家振臂拍手，看起來很像伊恩手裡捧著一座冠軍金盃。同時投射出一行小字：影片經當事人父母同意播出。

「這是卡布莉・布萊恩的女兒荷普，科比・布萊恩的第五個外孫。」婦產科醫生伊恩說出他的開場白。

「我從小在蒙特雷長大，理所當然是金州勇士的球迷，但身為全加州碩果僅存的婦產專科醫師，沒有人會反對我為前湖人球星迎接他的後代，更何況，荷普（Hope）象徵著人類的希望，我感到萬分榮幸能參與其中。

「我的母親過去是一名小兒科醫師，現在同樣幾乎要消失的職業。她也曾經站在這個講台上，分享哺餵母乳的好處。我出生的年代，世界已經開始進入少子化，婦兒雙科在短短數十年後幾近衰亡。地球狀態愈來愈差，人們自然而然地節育，不知不覺中，全美國上一個新生兒現身已是三年前。

「我們在圓宇宙裡享受各種美好，在現實生活中卻不再懷抱希望。幸好還有一群和我一樣的傻子，盡力過著上古生活，期待有一天讓地球恢復到上帝本來賜給我們的樣子。

「科比也是屬於老派思想的人，他深深影響著四個女兒的價值觀，不管世界怎麼糟，不創造新生命就無法創造出希望。科比的第一個外孫就是我接生的，大女兒娜塔莉亞勇敢地生了兩個孩子，之後我成為布萊恩家族的專任產科醫師。你們應該都知道，剛剛說的三年前全美首位新生兒，就是科比的三女兒碧昂卡的兒子。

「我和科比也因此成了好朋友，偶爾我們會一起看籃球——當然會避開勇士對湖人的時候。他時常以籃球賽場上的狀況比喻人生，不過他也常說運動員的生涯是短暫的，再怎麼偉大的球員，創下再怎麼難以突破的紀錄，都是有極限的，終究會有退休的那一天。

「他說，『我擁有五座總冠軍，是很少人能達到的成就，但我此生不可能再戴上第六枚冠軍戒指。科技日新月異，潮流趨勢不停更迭，我想為這個世界留下更長遠的東西。荷普就像是我人生的第九座金盃，而且我相信我的女兒和外孫們，還能幫我贏得更多更多。』

「我想大家應該都知道最近一項令人振奮的大新聞，澳洲一名獸醫師盧願上週發表的『可愛動物救地球』計劃，很可能為這個殘破世界帶來巨大的改變。盧願正巧是我母執輩的朋友，她的名字在中文的意思，就是Hope。

「但願人們開始願意為這個世界帶來更多的希望，讓我不至於失業。」（笑）

演講完畢，伊恩再彈手指，卡布莉・布萊恩的女兒荷普，一同現身在畫面中。「哈囉，大家好，我們是冠軍！耶！」母女向大家揮手致意。

第九章——第八十一個甜美凱洛琳

洛杉磯

曼巴學院籃球場內，學院創辦人、前NBA球星科比・布萊恩，忍不住在暫停時間把女兒吉昂那叫到一旁指導。

「等等你搶到籃板之後，對方可能會……」科比嚴肅地說。

「可是教練剛剛說……」吉昂那給了科比出乎意料的回應。

雖然沒有聽從球星老爸的指導，吉昂那還是帶領了球隊大勝對手二十四分。父女倆滿意地步出球場，吉昂那最要好的隊友佩頓也跟在一旁。

「科比叔叔，我回休息室拿個東西馬上回來。」佩頓想起什麼事的樣子對科比說。

「好，我們先幫你把東西拿上車。」科比接過佩頓的球袋轉身搭著吉昂那的肩膀往停車場走去，佩頓快速跑回球場。

「嘿！尊崇教練指導是很正確的觀念。可是你老爹我可是科比・布萊恩耶～」

「科比・布萊恩有五枚冠軍戒指，曾經在一場比賽拿了八十一分，退休那場六十分，生涯總共投出三萬多分，但是他沒有當過女子籃球隊的教練。」

「我認輸。」

吉昂那的肚子發出咕嚕聲。

「等等我想吃皇后大道的雞肉捲餅。媽媽說佩頓和我們一起吃，克里斯叔叔和莎拉阿姨有事，他們之後再來我們家接她。」

「沒問題，只是佩頓去的有點久了，我們回去看看好了。」

兩小時後，經過警察地毯式的搜尋，佩頓和美味的墨西哥菜一起消失了。

波士頓

「好久不見了，凱洛琳。」電話那頭是派崔克。

「老樣子，偵探費的十%。」凱洛琳冷淡地回。

「我找你也許只是想念你啊！安琪說她想念你。」

「安琪想念我會找我去吃飯，這次要查什麼？等等把需求傳給我。」

「好啦！這次我沒收費，真的，跟上次你爸找我找你一樣，不過我還是會付你費用。」

「不用，你給我點靈感就好。一個品學兼優，家境良好，生活單純的十三歲少女，在遠離市區只有單一出口的籃球場憑空消失，沒有人要贖金，會是什麼原因？」

「你在找那個科比女兒吉昂那的好朋友？」

「對。我查了她和她父母的所有資料，實在找不出什麼可能性。」

凱洛琳桌上攤著曼巴學院籃球場平面圖。球場背面靠著山壁，出口五十公尺前方就是停車場，停車場上面放了一台休旅車模型和兩個小人，球場裡放了一個小人。

佩頓啊佩頓，你是怎麼辦到的呢？凱洛琳拿起球場裡的小人思索著。此時她的貓突然跳上桌逗弄模型車，車子的後車廂因此被打開。凱洛琳露出恍然大悟的表情。

匡提科

犯罪側寫專家衛斯理看著電子郵件信箱裡飛往亞斯本的機票，這是他和史卡佩塔期待已久的滑雪行，眼看要因為佩頓・里昂失蹤案泡湯了。

露西又不敲門闖進他的辦公室，興奮地說：「他又發出『甜美忠告』了！」

洛杉磯

「如果我當時陪她一起回去拿東西就好了。」吉昂那自責地哭著說。

「寶貝，這不是你的錯。克里斯叔叔和你爸提出高額懸賞金，全洛杉磯的人都在找她，現在連聯邦調查局都出動了，一定會沒事的。」凡妮莎溫柔地安慰女兒。

此時凡妮莎的手機響起。

「布萊恩夫人，我是史考莉探員，能否調閱你們家外的監視器？」

波士頓

「謝謝你的資訊，我幫那個笨蛋把錢要回來了。」派崔克把義大利麵塞進嘴裡。

「他要回錢，你沒收錢，還要倒請我吃飯？」凱洛琳笑問。

「是我要請你的，慶祝你幫我們WNBA找回未來之星。」安琪舉起酒杯。

「她將來一定是加入洛杉磯火花耶，何況我們波士頓沒有WNBA隊伍啦！」派崔克不屑地說。

「你繼續吃你的麵。凱洛琳，你怎麼想到的？」安琪提出她的好奇。

「我的貓幫了一點忙，讓我想起小時候玩躲貓貓。小女孩能想到的方法再簡單不過，她應該是趁科比和吉昂那進去找她時，溜出來躲進後車廂。可惜球場沒設監視器，所以我調出了科比車子離開後去的第一個地方——富勒頓分局停車場的監視器，果然看到她從後車廂探出頭來，但是她沒有下車，沿線科比都沒有在任何地方停留，直接回家，所以她一定是在科比家離開的，只是我翻遍附近交通監控都沒看到她的身影。原本猜想會不會是吉昂那幫她藏在科比家，所以就給了聯邦調查局一點提示，讓他們去找。」

洛杉磯

「回到科比叔叔家，我就後悔了。從後車廂出來想去找吉昂那，但愚蠢地想到我沒關好車廂門，回去要把它關好，結果就滑落山谷了。我真的好蠢。」佩頓虛弱地躺在病床上，和探員史考莉說明。

「你只是一個有禮貌的孩子。」史考莉安慰她。

「才不，我闖了這麼大的禍，給大家添了這麼多的麻煩。我不知道為什麼最近對籃球感到厭煩，但是爸媽那麼支持我，還這麼幸運有科比叔叔給我最好的資源，我不敢跟吉昂那說，也不知道該怎麼辦。不知道哪根筋不對，以為先躲起來就可以逃避，真的好蠢好蠢。而且可笑的是，我摔落山谷後，醒來發現自己腿斷了，第一個念頭居然是我會不會再也不能打籃球了。」佩頓苦笑。

匡提科

露西在高度加密的電腦前，與她景仰已久的「同好」對話。

露西：我們知道你父親的背景，但那與你無關，你可以繼續保有自由做想做的事，只是我們想藉助你在搜尋方面的長才，有點像是顧問職。

凱洛琳：既然你已經知道我本來就在做這種事了，何必讓我進去？我可以在外面繼續當「顧問」就好。

露西：你真的很厲害，但不是全能的。我們有資源、有人力、有各種專業訓練，你可以和一群和你一樣優秀的人共事，精進你的才能。我知道我說這些時你正在翻白眼，我也曾經是個駭客，不相信官僚體系下能有什麼作為，但我有我的原因，我也知道你專找失蹤少女一定有你的理由。重點是，你向警方或是家屬發出「甜美忠告」後，不是每次都來得及……

波士頓

餐後，凱洛琳看著餐廳窗外在談笑的女孩們。

「佩頓是我的『第八十一個凱洛琳』。」凱洛琳說。

「你是指你開始私下協尋失蹤少女後？」安琪回。

「嗯。以後沒辦法那麼私下了，最近被ＦＢＩ發現，他們找我去工作，你們覺得我應該答應嗎？」凱洛琳問。

「當然。你以後可以幫我更多啦！」派崔克開心地回。

「真不該問你意見。」凱洛琳翻了一個白眼。

「喔。那你知道八十一代表什麼嗎？」派崔克坐起身說。

「代表我的成效很差？你也要搬出他們說服我的那一套嗎？」凱洛琳沮喪地回。

「哪一套？匡提科那群笨蛋才不會知道八十一代表了什麼。雖然身為塞爾提克球迷我很討厭科比，但是他球技真的很屌，科比曾經在一場比賽拿了八十一分，你不覺得這是一個徵兆嗎？而且通常你會問我意見時其實你心裡已經有答案了。」

服務生走了過來。「請問各位需要甜點嗎？」

「當然，給我們一份波士頓奶油派。」安琪點完單後舉杯向凱洛琳說，「敬我們甜美的凱洛琳探員，未來一切順利喔！」

最終章——一月二十六日的兩個世界，一個籃球之光

右派世界——美國時間，二〇二一年一月二十六日

洛杉磯時報／記者茱蒂・施特稿

今天是全洛城人心碎居滿周年。前NBA球星科比・布萊恩，二〇二〇年【一

月二十六日】上午，帶著他十三歲的女兒吉昂那・布萊恩搭乘私人直升機欲前往曼巴學院練球途中，不幸墜毀在洛杉磯西北方約六十五公里的卡拉巴薩斯市，失事身亡。

科比・布萊恩於一九七八年【八月二十三日】出生，於一九九七年以【十八】歲的年紀，成為NBA史上最年輕先發球員及灌籃大賽得主，從背號【8】號開始效力洛杉磯湖人隊十八個球季，直至以背號【24】號退休；選用背號【10】號代表美國夢幻隊，拿下二〇〇八年北京奧運及二〇一二年倫敦奧運男子籃球金牌。NBA生涯共擁有【五】枚冠軍戒指，並曾創下多項紀錄。其中最廣為人知的就是二〇〇六年對戰多倫多暴龍隊的比賽中，單場獨得【八十一分】，生涯總得分【33,643】分，是NBA史上最年輕達到三萬三千分的球員，連生涯最終戰也能拿下單場【六十分】的驚人紀錄。

上述內文以【】標記之關鍵數字，皆被一名在台灣的科比・布萊恩死忠球迷，命名於她的著作《看球說故事》十章續篇中。

左派世界——印弟安時間——八一六一年一月二十六日

科比・布萊恩是一名體育老師，專長是美式足球，每到寒冷冬天，必須在室內上體育課時，科比就很想找到一種簡單好學、能在室內玩的遊戲。

這一天，他與平時一樣來到學校授課，與平時不同的是，班上來了一名轉學生，是遠從亞洲來的台灣女孩，吉昂那・主安。主安隨著父母移民來到印弟安國，今天是她第一次上體育課。

科比突發奇想，問主安台灣的體育課有些什麼運動項目，她說最多人玩的是棒球，那冬天呢？台灣的小朋友會在室內跳繩、踢毽子，或是玩一種將球投入米袋的遊戲。主安的解說給了科比靈感，他開始構思制定了十二條遊戲規則，把裝採桃子的籃子取代米袋，將這個遊戲取名為籃球。

天堂——無限年無限月無限日

「上帝，科比・布萊恩來了。」米迦勒將科比帶到老闆面前。

「你一定不明白我為什麼把你帶回身邊？」上帝手裡拿著籃球對科比說，「從你和右派世界的角度看來或許很殘忍，但對兩個世界的平衡發展是一個好的選擇。」

上帝將籃球拋向空中，拋物線在科比眼前拉出一片黑幕，黑幕裡出現一個讀秒機，正從十三秒開始倒數，旁白說，「一分之差的比賽。」畫面快速向下移，是湖人隊的主場，背號24的科比穿越防守，起跳灌籃。

這支名為〈親愛的籃球〉的影片，科比再熟悉不過了，它是右派世界二〇一七年的動畫短片，由科比改編自己在二〇一五年刊登於美國球員論壇報，宣告自己即將退休的一封信，這支影片還為他贏得了任何NBA球星都不會擁有、未來也恐難得到的獎項──一座奧斯卡小金人。

「我會讓人類自由發展，除非有特殊需要，並確認此人真正學會了愛，我就會覺得他已完成了人間的使命，可以回到我身邊共享天堂之樂。」影片播畢，上帝接住落下的球。

上帝將球傳給了科比，繼續說，「這支影片讓我知道你對籃球的熱愛延伸到了你整個人生，你的愛只用在一個世界太可惜，左派世界也需要你，籃球這項運動，能為數以萬計的人們帶來快樂。」

米迦勒將吉昂那•布萊恩也帶了過來，科比緊抱著她，繼續聽著上帝說，「為了不讓你太孤單，我讓吉昂那陪伴你，你們一起幫我在左派世界把籃球之愛傳遞下去。你放心，凡妮莎母女也都會好好的，你也永遠會活在她們，以及所有愛你的球迷心中……。」

致謝

這本書歷經兩年多疫情和艱困研究生活的延遲終能付梓，首要感謝有鹿文化願意出版如此冷門的題材，根本就是體育台轉播學生球賽般的佛心。

這場寫作戰役得以完賽，最要感謝我如網球雙打的搭檔——編輯彥如，以非運動迷的創意反拍和專業編輯的強力正拍，與我一起一篇一篇拿下局數。還要謝謝封面設計Bianco、繪製插畫的靖雅和盧願，以及美編佳璘，連手為此書打造帥氣的登場球服。

我能夠盡情享受運動旅行人生，必須感謝生命中三位MVP——Fion、K和願。姊姊Fion像是資源雄厚的職棒球團，供應我各種看球所需；老公K是默契絕佳的籃球擋拆夥伴，護送我搶得每場賽事門票；女兒願是足球賽中一百二十分鐘後傷停時間進球的奇蹟，每個媽媽都想要的夢幻旅伴。

感謝曾經一同旅行的親友們，一起瘋運動的球友們，還有在各個城市提供食宿、地陪的朋友們，你們是最棒的神隊友，本書故事裡借用了大家的名字和人設，紀念每段與你們共享的旅程。

謝謝在我們出國時幫忙看顧家裡的爸媽、照料果果的叔叔和樹曦、阿純、娃蒂、韋禎、茱莉亞、漢娜、鎂鎂，沒有你們，就如同沒有後勤支援而無法出賽的球隊。也要謝謝地表最強啦啦隊小組成員的代禱。

感謝客座教練Benson、Jill、Shawn、小倩、西西、伯儒和阿桂，給予初稿寶貴意見。更要謝謝曾公和K的專文推薦，幫我精選亮眼的Nice Play，還有每位星級推薦人像是全數舉起十分牌認證。

謝謝Kobe Bryant和世界各地拚搏的球員們，提供我源源不絕的故事靈感。

感謝主。祢是運動之神。

注——本書於二〇二二年八月修訂完成，文中所提及之資訊若有所變動，還請讀者見諒。

主流運動賽事時間表

項目／月分	1	2	3	4	5	6	7	8	9	10	11	12
籃球	NBA 美國職業籃球聯賽									NBA 美國職業籃球聯賽		
棒球			經典賽									
			MLB 美國職棒大聯盟／NPB 日本職業棒球／KBO 韓國職業棒球									
美式足球		超級盃							NFL 國家美式足球聯盟			
冰球	NHL 國家職業冰球聯盟				史坦利盃					NHL 國家職業冰球聯盟		
足球	歐洲 5 大甲級足球聯賽（英／德／法／義／西）					世界盃		歐洲 5 大甲級足球聯賽（英／德／法／義／西）				
		南美自由盃／日本 J 聯盟／韓國 K 聯盟										
網球	澳網				法網	溫布頓		美網				
馬拉松		東京		波士頓 倫敦					柏林	芝加哥	紐約	
自行車					環義		環法	環西				
奧運		冬奧					夏奧					

看球說故事

看世界的方法 215

用球賽記憶一座城市，給自助旅行者的另類提案！

作者——陳祖安
封面設計——Bianco Tsai
貼紙手繪——翁靖雅
內頁繪圖——盧　願
內頁設計——吳佳璘
責任編輯——施彥如

社長——許悔之
總編輯——林煜幃
副總編輯——施彥如
美術主編——吳佳璘
主編——魏于婷
行政助理——陳芃妤

董事長——林明燕
副董事長——林良珀
藝術總監——黃寶萍
執行顧問——謝恩仁

策略顧問——黃惠美・郭旭原
郭思敏・郭孟君
顧問——施昇輝・林子敬
謝恩仁・林志隆
法律顧問——國際通商法律事務所
邵瓊慧律師

出版——有鹿文化事業有限公司｜台北市大安區信義路三段106號10樓之4
T. 02-2700-8388 ｜ F. 02-2700-8178 ｜ www.uniqueroute.com
M. service@uniqueroute.com

製版印刷——鴻霖印刷傳媒股份有限公司

總經銷——紅螞蟻圖書有限公司｜台北市內湖區舊宗路二段121巷19號
T. 02-2795-3656 ｜ F. 02-2795-4100 ｜ www.e-redant.com

ISBN——978-626-96162-9-9
定價——420元
初版——2022年10月10日
版權所有·翻印必究

看球說故事：用球賽記憶一座城市，給自助旅行者的另類提案！/ 陳祖安著 —初版．— 臺北市：有鹿文化，2022.10．面；14.8×21 公分 —（看世界的方法；215）ISBN 978-626-96162-9-9（平裝）　719 ……111013585